ハワイの不思議なお話

〜ミステリアスハワイ

森出　じゅん

はじめに

横浜からハワイに移り住んで、早くも20年以上になります。

この本は、カメハメハ大王像にほど近いホノルル・ダウンタウンの一角、港を臨みながらの暮らしの中で収集した、ハワイ古来の神話・伝説や不思議議譚、歴史的な逸話などをまとめたものです。古典的な書籍や地元紙で学んだ話はもとより、ハワイアンである夫の一族から聞いたエピソードや、地元の人々との関わりの中で出会ったスピリチュアルな実話が軸となっています。

この本を書くにあたり、一つだけ心がけたことがありました。それは興味本位で語られる恐怖談は扱わない、ということ。少しでもハワイの文化&歴史の香りを感じさせるものだけに限定し、まとめたのが本書です。ハワイ文化を紹介する…というほどに高尚な内容ではありませんが、この本が若干でもハワイ文化への興味をくすぐるものとなっていれば、嬉しく思います。

太平洋の真っただ中に浮かぶハワイは、世界の人々に愛される美しき楽園。しかし四方をぐるりと海に囲まれ、４０００メートル級の火山をはじめ山々をいくつも頂くハワイはまた、自然の脅威の下に存在してきた島でもあります。森や山、滝にも神が御坐し、草花や動物は神の化身。岩にも魂が宿り、時に神力にも似たパワーを持つ…。こういったスーパーナチュラルな信条が古来ハワイで根強いのも、ハワイが自然を畏怖しながら、自然と共存してきた由縁でしょう（自然の万物や現象に神が宿るという概念は、日本の「八百万の神」信仰にも通ずるところがあると言えそうです）。

そんな背景から、ハワイの人々は今なお、生活のあちこちに神の存在を感じています。たとえば火山の噴火を、火山の女神ペレの怒りの現れととらえる人は多いもの。ハワイ島では夜道を歩く老女を車で送ってあげる「世にも優しい」人が大勢いますが、それも彼らが、ペレは老女または絶世の美女として人前に現れる、だから（ペレかもしれない）老女に親切にしなければ火山が爆発すると信じているからなのでした。

本書掲載のストーリーをまとめながら、そんなハワイと自然との密な関係を感じていた昨年春。日本であの悲劇が起こりました。東日本大震災です。居間のテレビで津波の映像を見ながら、家族全員、言葉を失った２０１１年3月11日。

ご存知のように、ハワイでもたび重なる津波災害の歴史があり、ハワイ島ヒロ出身の義母も親友を１９４６年の津波で亡くしています。東日本大震災で亡くなった方々のご冥福を祈念すると同時に、被災地の皆さんが、いつか再び、心からの笑みを浮かべて海を見つめられる日が来ることを、ハワイの私達も祈らずにいられません。頑張れ日本！

森出 じゅん

本書を以下の方々に捧げます。

2011年のアメリカ独立記念日（7月4日）に逝った
義父 Leo Rodby, Jr.

いつも温かなサポートを与えてくれる
夫 Walter、息子 Noah、娘 Ku‘ulei

第3章 ハワイの歴史こぼれ話 …………116

第4章 ハワイの四方山話 …………166

CHAPTER *01*

Surrounding Myths and Legends
神話・伝説の背景

第1章
神話・伝説の背景

太平洋の真ん中に位置するハワイ。海、そして山と密着しての暮らしの中、ハワイアンは自然のそこかしこに神の存在を感じながら生きてきました。動物や草花を神や人間の化身に見たて、岩や滝、泉にも物語を紡ぎながら…。現代ハワイにも神話・伝説は色濃く残り、その舞台や対象が身近に存在。しかも神話・伝説の裏に、史実のヒントが感じられる点も楽しいところです。

第1章

01. ハワイアン発祥の地

ハワイアンがこの世に誕生した聖なる半島では今、何が起きているのか

カネオヘ湾に伸びる半島、モカプ半島をご存知ですか？　モカプ半島はハワイ神話上、重要な土地として知られる場所。なんとハワイの神々によって初の人類が創られたのが、この半島なのだそうです。

モカプ半島には、その昔カハカハケアと呼ばれていた場所があります（現在の地名はパフナ）。カハカハケアの土は赤土で、黒土混じり。なかにはこの赤土が、鉄粉のようにキラキラ光っているという人も。そして昔々の大昔。ハワイ神話上の4大神クー、カナロア、カネ、ロノが、このカハカハケアの土から、初めての人類を創り上げたのだそうです。

ある日カナロアが、赤土で神々の姿に似せて人形を作りました。続いてほかの3人の神々が「土よ、人間になれ」と命じたとか。けれど土はピクリとも動かず、そのまま石になってしまいました。そこで今度は、カネが挑戦することに。カネは、クーとロノに頼みました。「私の言葉に呼応して助けてほしい」

カネが土人形に向かって「起きよ！」というと、クーとロノも言いました。「生きよ！」。もう一度カネが「起きよ！」、クーとロノが「生きよ！」と命じると…。ついに土人形はむくむくと起き上がり、人間の男となったのだそうです。これがこの世で初めて誕生したハワイアンなのでした。

この神話には、いくつかバージョンがあります。この後人間の男の骨から女が作られ、2人は夫婦になった…という話もあるのですが、ちょっと旧約聖書のアダムとイブの話に似すぎていますよね？　そのため、これについては古代ハワイの神話ではなく、ハワイがキリスト教世界と接した後世、追加されたものではないか？という意見もあります。

なおモカプという地名ですが、その由来もまたユニーク。

16世紀の昔、モカプ半島を含む一帯の土地は、オアフ島の王族パレイホラニに属する、神聖な土地でした。17世紀になると、今度はオアフを征服したカメハメハ大王により、この土地は王族の寄り合い処として選ばれたそうです。そのため半島はモクカプと名づけられました。モクは小さな島または半島、カプはタブーの意味。つまり立ち入り禁止とか神聖…といった意味ですね。それが訛って、いつしかモカプと呼ばれるようになったということです。

余談ですが、このモカプ半島、今ではアメリカ海兵隊の基地になっており、一般人は立ち入り禁止の特別地区。本来はハワイアンの聖地だったのに、こうして基地にされてしまうなんて…。なんとも皮肉です。時代は変わりましたが、ハワイアン発祥の地はいまだ立ち入り禁止（モカプ）。それも、軍事的な理由で入ることができないのですからね。つい、複雑な気持ちに襲われてしまいます。

豆知識

ハワイの４大神⋯Ｐ２１６
カメハメハ大王⋯Ｐ２１６

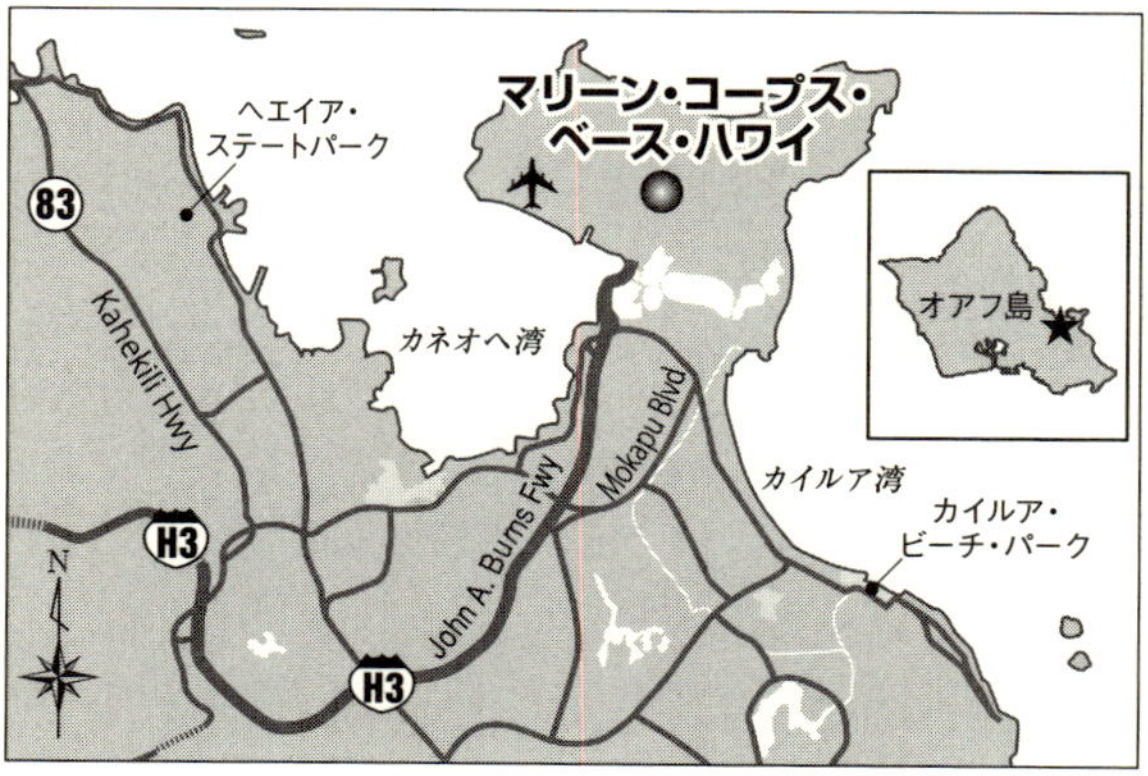

カイルアとカネオヘの間。H-3フリーウェイの終点がモカプ半島だが、アメリカ海兵隊（マリン・コープス・ベース・ハワイ）があるため立ち入り禁止。半島はカイルアとカネオヘの海岸から眺められる。

第1章

02. カメハメハと巨岩伝説

カメハメハ大王の未来を予言した？ヒロの巨岩

ハワイ島ヒロにある図書館の入り口近くには、コンクリートの塊とも見える大きな岩が鎮座しています。横長の、一見するとどこにでもありそうな岩なのですが、実はこれは、ハワイ史上に残る有名な岩。ナハ・ストーンと呼ばれ、横幅は2メートル、重さは3.5トンもあります。

ナハ・ストーンには数々の伝説があり、うち1つは、この岩が大昔はカウアイ島にあり、大きなカヌーに乗せられてハワイ島にやって来たというもの。人々はこの岩をナハ・ストーンと名づけ、ヒロ図書館の近くにあったピナオ・ヘイアウ（神殿）に祀ったとか。ちなみにナハ・ストーンの隣には小さめで垂直に立つ岩がありますが、こちらはヘイアウの名をとって、ピナオ・ストーンと呼ばれています。

ナハ・ストーンに絡むもう1つの伝説は、

「この岩を持ち上げた者は、ハワイの王者になる」というものです。なにせ3・5トンもの岩ですから、ヒョイと持ち上げるのは人間技ではないような。ですが、ある時ある王族の若者が、ついにこの岩を持ち上げました！…人々は驚愕し、そして喜んだのは言うまでもありません。若者は、のちにハワイ諸島を統一。偉大な王として、後世に名を残すことになりました。

もうおわかりですよね。この若者とは、かのカメハメハ大王のことなのでした。

聖なる岩であるはずのナハ・ストーンは、一時期なぜか歴史の表舞台から姿を消していましたが、1916年以降に発見され、ヒロ図書館前に設置されました。囲いも何もありませんが、ヒロ市民から崇められ、大切にされてきました。しかし、2004年のある日。岩がいたずら書きで汚されるという事件が勃発！　大問題に発展しました。

何でもある朝、図書館職員が出勤すると、ナハ・ストーンには「1893～2004年」との落書きが。そしてピナオ・ストーンには白線がペンキで残されていたとか。意味のない落書きのようにも見えますが、1893年といえば、ハワイ王国が白人勢力によって転覆された、ハワイアンにとっては意味のある年です。これにはなんらかのメッセージが込められているに違いありません。

それが悪意の可能性が大きかったのは当然で、さっそく警察が呼ばれ、新聞沙汰に。ハワイの文化を守るハワイアン団体、「ロイヤル・オーダー・オブ・カメハメハ1世」のメンバーらも集まって、落書きを落とすのに必死だったとのことです。

それにしても、ハワイアンが大切にする聖なる岩に落書きするとは。どこの誰が、何のためにしたことかはわかりませんが、ずいぶん罰当たりなことをしたものですね。

ちなみにその後私が訪れた際には、ナハ・ストーンとピナオ・ストーンはすっかりきれいになって、図書館前に置かれていました。近づいてよく見ると、これまで写真で見たよりもはるかに大きく見えました。…あの巨岩を持ち上げるとは、カメハメハ大王は超人だったよう。

それとも。「カメハメハが王者になった後に、そんな伝説が作られたのかなあ」というのは、一緒にいた友人の弁。う〜ん、そんな可能性もありでしょうか。

あなたはどちらの説を信じますか？

豆知識

カメハメハ大王⋯➝P216
ヘイアウ⋯➝P217

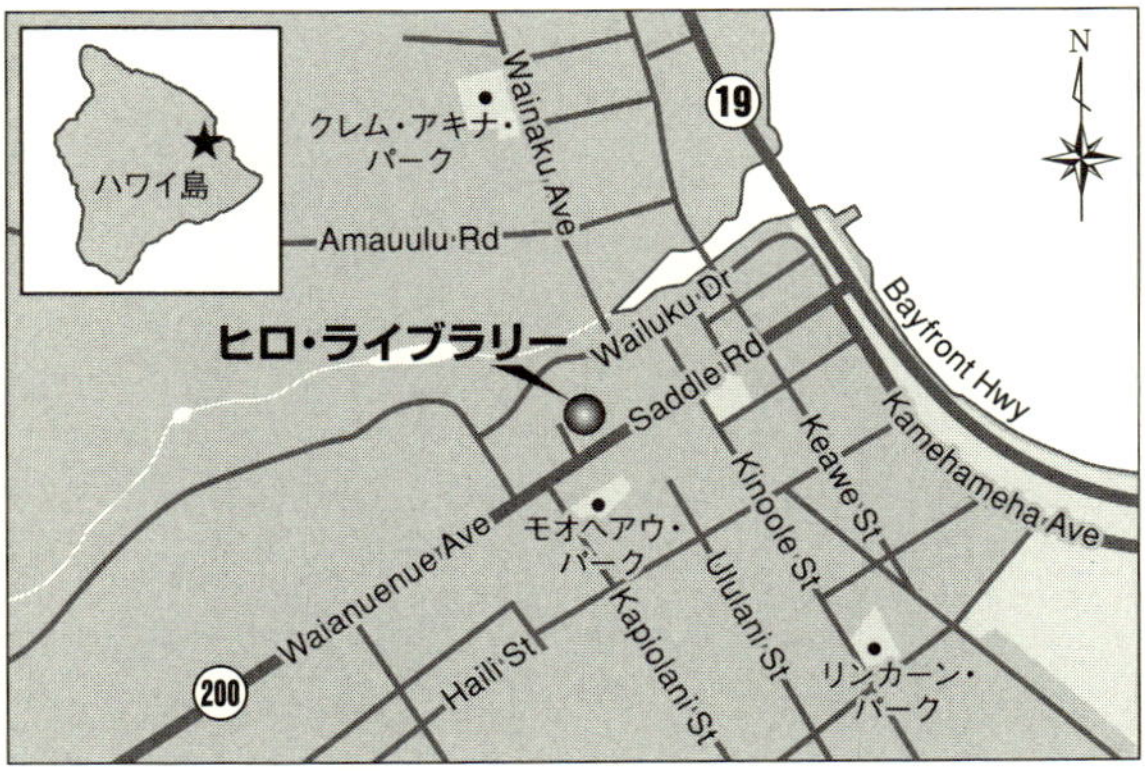

ヒロ・ダウンタウンにあるヒロ・ライブラリー前。ダウンタウンの海沿い（カメハメハ・アベニュー沿い）の商店街から山側に3ブロックほど歩く。

第1章

03. ヌウアヌにある「ハワイの楽園」

女神ケアオメレメレが暮らした楽園は意外な場所に…

ハワイを地上の楽園、天国と呼ぶ人は多いですよね。では、ハワイアンにとっての天国は、いったいどこにあると思いますか？

ハワイ神話に神々の住む地として登場する場所はいくつかあり、「輝く天国」「宙に浮くカネの地」「遥かなる白いカヒキの地」などという地名で記されています。カネとはハワイの4大神の1人。これらの地にはカネやそのほかの神々が、幸福に暮らしているのだそうです。ハワイ版オリンポス、といった感じでしょうか。

その神々が地上に降りて暮らしたとされる場所の1つが、実は我が家から車で10分ほどのところにあります。その名はワオラニ。ヌウアヌ渓谷の一部で、エマ女王の夏の離宮からは、パリ・ハイウェイをはさんで反対側になります。現在はメンバー制のゴルフコース、オアフ・カントリークラブが広がる土地がそれ。

ワオラニはハワイ神話にたびたび登場し、全ハワイアンの祖先とされるワーケアとパパが暮らした土地とされています。ハワイで初めてヘイアウ（神殿）が建てられたのもここだそうです。19世紀のハワイアン歴史家、カマカウによれば、少なくとも4つの有名なヘイアウがワオラニにありました。

またある神話のなかで、時に金色の雲として現れる女神ケアオメレメレが、神々の国から降りてきて暮らしたのもここ。ケアオメレメレは月の女神ヒナと神クーの娘で、それは美しいお姫様だったそう。ケアオメレメレの世話をしていた神カネとカナロアが、その住居として美しいワオラニを選び、そこにヘイアウを建てたのだそうです。

ワオラニはまた、エエパ族がたくさん住んでいたことでも知られています。エエパ族とは小柄な妖精達。ハワイでよく知られる小人族メネフネと全く同じ存在なのかどうかは定かではありませんが、ワオラニに住む小柄な民族は、エエパ族と呼ばれています。

美しいハワイでも特に神々が天国のように美しい地として居を定めたワオラニが、我が家のほんの近くにあったなんて。これは嬉しい驚きでした。さっそくオアフ・カントリークラブを訪れてみると、そこはヌウアヌの緑溢れる山が間近に迫った、確かに美しい土地。コース全体がなだらかな斜面に造られていて、緑濃い山がすぐそこに迫っていました。

…私はサイキックでも何でもなく、幽霊を見た経験もなく、霊的なことは全くわかりません。ですが、いつもハワイの渓谷を訪れると、そこに漂うマナ（霊力）を感じるような気はするのです。何となくではありますが、そこが神聖な土地であるような気がします。たとえばモアナルア渓谷や、エマ女王の夏の離宮があるヌウアヌの渓谷もそう。そしてオアフ・カントリークラブのあるワオラニが、まさにそうでした。

しかも、家を出た時は快晴だったのに、車でほんの10分走ったワオラニでは霧雨が降り、山全体が霞んでいるかのようなミステリアスな雰囲気。…昔ここに、金色の雲の女神が住んでいたんだなあと、なんだか納得できる雰囲気でした。

余談ですが、その日気がついたのが、ワオラニ周辺には寺院がとても多かったこと。車で走行中サッと目を走らせただけで、オアフ・カントリークラブのすぐ近くに日蓮宗のお寺やユダヤ教の教会、本間仏立宗というお寺など、宗教施設が軽く10以上はありました。そもそも、一帯のパリ・ハイウェイ沿いには、キリスト教会もとても多いのです。

もしかしたら、ハワイの原始宗教とは宗派が違っていても、神聖な土地というのは、なにかしら同様の尊いものを引き寄せるのかもしれませんね。そんな気がしてなりません。

豆知識

ハワイの4大神…P216
ヘイアウ…P217
マナ…P217
メネフネ…P219

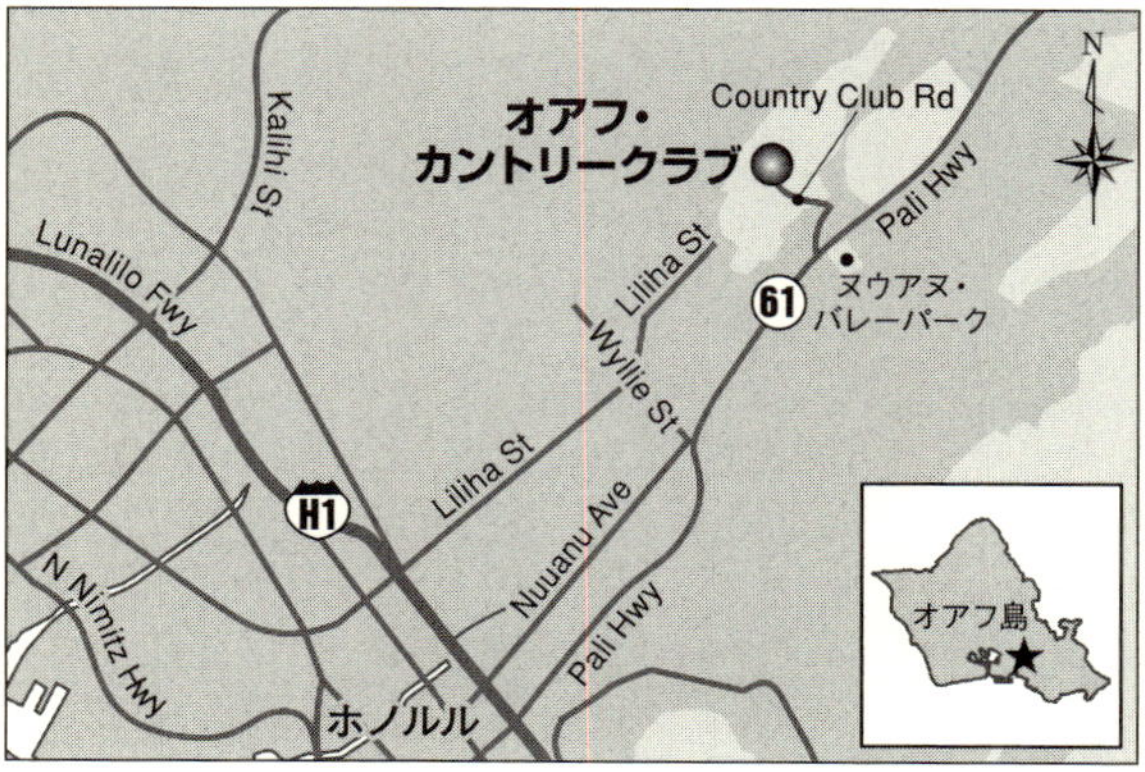

ホノルルのダウンタウンからパリ・ハイウェイを車で10分ほどカイルア方面へ。カントリー・クラブ・ロード（ヌウアヌ・バレー・パークのパリ・ハイウェイをはさんで反対側）を左折し突きあたりまで進む。

滝にまつわる伝説は名曲アカカ・フォールズでもお馴染み

第1章 04.

アカカの滝VS華厳の滝

キラウエア火山のお膝元であり、ノスタルジックな街並の続くダウンタウンなど、ホノルルとはひと味もふた味も違った魅力に溢れるハワイ島ヒロ。年間を通じて雨が多く、滝の多い町でもあります。アカカの滝も、そんなヒロの名滝の1つ。ヒロ中心地から車で約30分の場所に位置しています。

先日ヒロを訪れた際、何気なく訪れたアカカの滝でしたが、ジャングルの中を10分ほどハイキングして訪れた先に待ちかまえていたのは、素晴らしく壮大な滝！　あんなにすごい滝を見たのは生まれて初めてでした。

なにせアカカの滝は、高さ135メートル。日本3大名瀑の1つ、あの華厳の滝でも97メートルですから、その迫力は想像していただけると思います。しかもアカカの滝では滝壷も間近に見え、ドドドッと水が落ちる様子がまたすごい。ほかの日本人観光客の男性も「すごいっ」と感嘆していたので、一緒に「これは華厳の滝よりスゴイですね」と思わず顔を見合わせてしまいました。

さてこのアカカの滝には、悲しい伝説が残っています。実はアカカとは、滝から落ちて死んだ酋長の名前なのだそうです。

昔々の大昔。滝の近くに浮気者の酋長、アカカが住んでいました。ある日アカカは妻の留守中、愛人のレフアを訪ねていたのですが…。そこに急に妻がやってきたので、大慌て。もうひとりの愛人、マイレ宅に逃げ込みました。けれど妻はそれに気づいて、今度はマイレの家に刻々と近づいてきたのでした。

結局、アカカは妻から逃げ惑う自分を大いに恥じ、滝の上からジャンプ！　はるか下の滝壷に身を投げ、死んでしまいました。アカカの遺体は滝壷近くで岩になり、夫の死を嘆いて、妻もまたそのすぐ近くで、岩になってしまったそうです。以来その滝は、アカカの滝と呼ばれるようになった…ということです。

その後、嘘か真か？　新月の夜には「アカカ〜、アカカ〜」と、泣きながら叫び続ける妻の声が、滝の近くから聞こえてくるのだそうです…。

私が訪れた時、アカカと妻の化身だという岩がどれなのかは、残念ながらわかりませんでした。「あの崖の上から落ちて死ぬなんて、痛かっただろうな」とは、息子の弁。確かに！

それにしても浮気者のアカカは、自分の行為を恥じて滝に身を投げるくらいなら、最初から浮気なんてしなければよかったのですよね。それも愛人を2人も持つとは。それより、本当は追いかけてくる妻が単に怖くて身投げしたのだったりして…。

冗談はさておき、このアカカの滝、絶対に一見の価値あり。私は、同じくヒロ郊外にあるレインボー滝より、ずっと感動しました。レインボー滝も素敵ですけれど、なにより私は、華厳の滝より大きな滝がハワイにあるなんて知らなかったので、大感激でした。皆さんにもぜひ、見ていただきたいと思います。

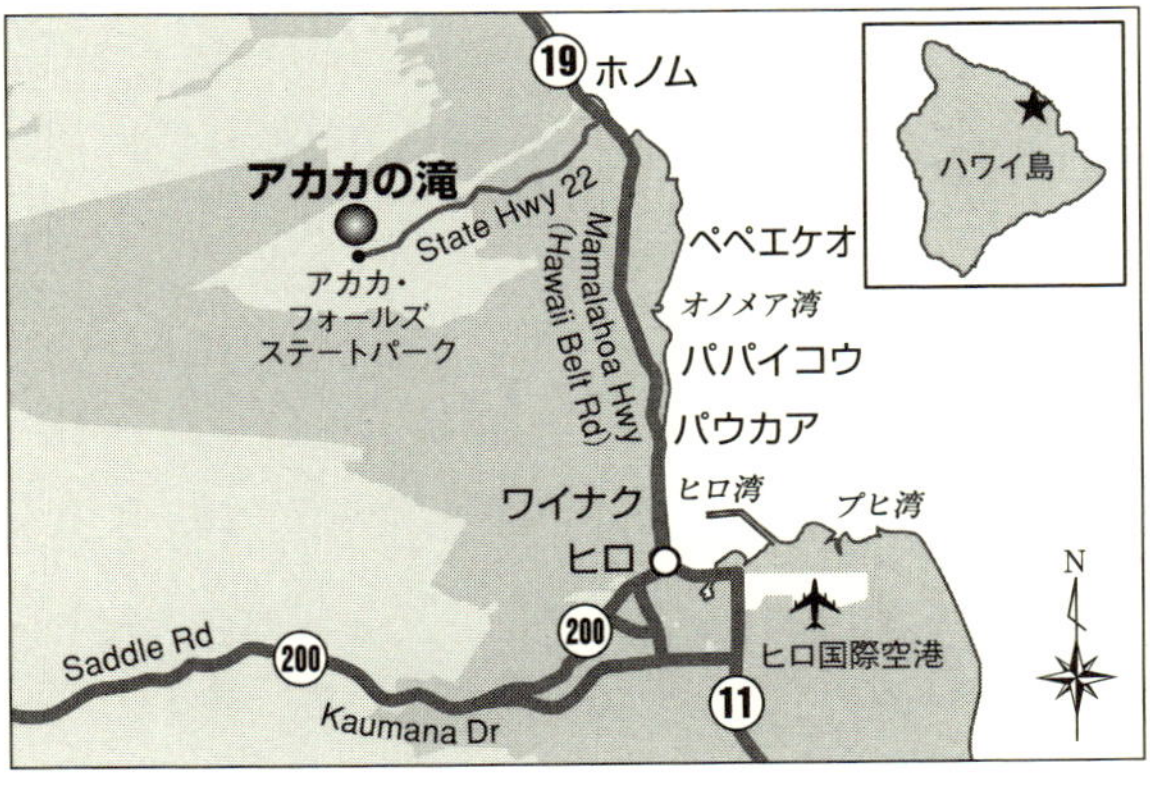

ヒロの街からママラホア・ハイウェイ（ハワイ・ベルト・ロード）を進み、ホノムの町へ。アカカ・フォールズ・ステートパークの入り口から約10分歩く。ヒロのダウンタウンから車で約30分。

第1章 05.

ワウケの木が毛深いワケ

タパ布の原料となるワウケの木は、慈悲深い父からの贈り物

ハワイ古来の工芸品にタパ布がありますが、タパ布の原料となるのがワウケという植物。ワウケの木の皮を水に浸して表皮を削り取り、叩く、という手作業を何度も繰り返して作られるのがタパ布です。ワウケは、別名ペーパー・マルベリーともいいます。日本でいうカジノキですね。

タパ布は古代ハワイで衣類のほか寝具にも使われ、ワウケは、それは大切な木でした。そのワウケが、実は大昔に死んだ毛深いハワイアンの化身である、というユニークな伝説が残っているので、ご紹介しましょう。

男の名前はマイコハ。マイコハに関しては彼が神だったという説と、元々は農夫で死んでから神に昇格したという説があります。最初の説では、マイコハは、神聖な宝物をいくつも壊したので父神に追放され、マウイ島カウポという場所でとうとう死亡。その後マイコハの身体から生えてきたのが、ワウケの木。マイコハは大変毛深かったので、今なおワウケの花や茎は、ビッシリと毛に覆われているのだそうです。

2つ目の説は、父子の愛情が絡んだセンチメンタルなストーリーです。主人公は同じマイコハですが、こちらのバージョンのマイコハは神ではなく人間。マイコハはホノルル・プイヴァの川の近くで、娘達と幸せに暮らしていました。ところが急病で死の床についたマイコハ。ある日娘達に言いました。

「お父さんはもうすぐ死ぬ。私が死んだら、川岸に墓を作っておくれ。やがて墓から木が生えてくる。この木の皮からよい布が作れるので、それを生活に役立ててほしい」

マイコハの死後、娘達が川辺に墓を作ると、本当に1本の木がそこから生えてきました。「これは先祖神となった父からの贈り物に違いない」。娘達はそう考えて父の遺言を実行すると、木の皮からは素晴らしい布が出来上がりました。これがハワイ初のタパ布。つまり、タパ発明の物語ですね。

やがて1本の木はほかの島々にも広がり、ワウケはポリネシア全域への素晴らしい贈り物として認識されるようになりました。マイコハとその娘はその後、タパ作り職人の守り神として崇められるようになったとか。そのため職人達は、ワウケの木を植える前にマイコハに祈りを捧げてお供え物をしたり、枝を切ったりタパ作りを始める前には、その加護を求めて祈りが捧げられるのだそうです。

以上、2つの伝説をご紹介しましたが、これらのうち、皆さんはどちらがお好きですか？　私は、やはり放蕩息子（神）がワウケになったとの話より、慈悲深い父がワウケになり、ポリネシアにタパ布をもたらしたという話の方が好きです。そもそも、なぜ放蕩息子がワウケになったか、そのあたりの関連性もよくわからないし…。

毛深いという、身体的特徴からだけなのかもしれませんが。

ともあれ、こういう伝説が残るあたりに、ハワイアンにとってのワウケ、つまりタパ布の重要性が偲ばれますね。

メリー・モナークでカマプアアのチャントを踊るダンサー

第1章
06. ハワイの豚の神って？

豚の神なんていうと冗談のような響きがありますが、ハワイには実際、豚の神様がいらっしゃいます。その名はカマプアア。半神半人でハンサムで、長身の酋長として現れることもあれば、大きな牙と8つの燃える目を持つイノシシ、または普通の豚の姿で人間の前に姿を現すのだそうです。

ほかにも様々な植物や魚が、カマプアアの化身として知られています。ハワイの州魚とされるフムフムヌクヌクアプアアも、カマプアアの化身。見たことのある方もいると思いますが、あのちょっとフグにも似たとぼけた顔つき、そういえば豚に似ていませんか？そのカマプアアという名の末尾3文字にも、ご注目ください。プアアはハワイ語で豚。ハワイアンの一族の中にもカマプアアの子孫だとされる人々がいて、実際プアアという名字を名乗っています。

このカマプアアは乱暴者でいたずら好き。しかも女好きと、ちょっと問題児のような神様。ちょうど日本のスサノオノミコトと近いイメージがあるかもしれません。火山の女神ペレとは愛憎関係にあり、蜜月関係が続いたり宿敵として戦ったりの繰り返し。出会いの時も、ペレの美貌に目をつけて追い回すカマプアアを、ペレが「豚め！」とあざ笑ったので、血みどろの戦いに。海に逃げ込んだカマプアアは魚フムフムヌクヌクアプアアに変身し、逃げのびたそうです。

それにしても、どうして豚やイノシシが神様なのだろう、と訝しがる方もいるかもしれませんね。もっともな疑問です。その理由はこう。牛や、もちろん象などいなかった古代ハワイでは、イノシシは陸で最大の生き物でした。しかもするどい牙で人を襲うこともある獰猛な生き物です。そんな背景を考えると、なぜ豚の神様が誕生したのか、わかるような気がします。ちょうど人々が火山の爆発を恐れ、それが火山の女神ペレの信仰につながったように。

このカマプアアを謳ったチャント（詠唱）は多く、フラの主題としても、一般的なカマプアア。フラ界最大の競技会、メリー・モナーク・フェスティバルなどで、男性グループがカマプアアをテーマにした古典フラを踊るのを見た方もいるのでは？　数年前に私がメリー・モナークで見たグループは、ござ風のケサを肩にかけ、イノシシの牙を模した首飾りをつけていました。カマプアアの踊りには、イノシシの牙状の首飾りをつけるのがお約束です。

ハワイでも各地にカマプアア伝説が残る土地があり、オアフ島では東部のクアロア、カハナなどが知られています。しかしカマプアア伝説の色濃く残る土地といえば、何といってもノースショアのセイクリッド・フォールズ。キラウエア火山がペレの本拠地なら、セイクリッド・フォールズはカマプアアの本拠地ともいえる土地柄です。

高さ25メートルもの滝を囲む渓谷には、カマプアアの隠れ家だったという岩ポハク・ピイ・オ・カマプアア、カマプアアのカヌーの跡というカヴァア・オ・カマプアアなどなど、カマプアア絡みの地名もたくさん。そのほかカマプアアの生まれた洞窟、生まれた直後に両親の名を呼んだ丘、捕まえた男達を食べたという地、カマプアアが川をせき止めて洪水を起こし、敵を退治した地点など、20や30の地点が軽く挙げられるほど。しかもカマプアアの足跡まで残っているそうで、こうなると、まるでカマプアアが実在の人物であったかのような気がしてしまいます。

またこの渓谷にはそのほかの神々の伝説も多く、古来神聖な土地でした。大昔は渓谷の入り口に見張り番が立っていて、女人禁制。足を踏み入れた女性は死刑になったそうです。大きな滝壷の近くには、神聖なヘイアウもあり、祭壇だったという岩もあったとか。英名の地名、セイクリッド・フォールズ（神聖な滝）は、このあたりの故事からきた地名のようです。

それだけに１９９９年5月、ある日曜日にこの滝で起きた惨事は、大変ショッキングなものでした。セイクリッド・フォールズは、現在ハワイ州立公園になっています。壮大な滝を中心にした緑深い渓谷は、人気のハイキングコース。地元の人々はもとより多数の観光客も、セイクリッド・フォールズをよく訪れていました。

そんな滝の周辺が、100人ほどのハイキング客で賑わっていた、1999年5月9日午後2時半のこと。のんびりくつろいでいた人々の頭上で突如轟音が鳴り響き、無数の巨岩が渓谷を転がり始めました。落石です！高さ150メートルもの石場から、時速100キロ以上の速さでたくさんの岩が転がり落ちてきたのですから、たまりません。滝壷の周りには身を隠す場もなく、人々は悲鳴をあげて逃げ惑ったそうです。結局8人が死亡し、50人以上が負傷。中には大きな岩の下敷きになり、何日も遺体が見つからなかった女性もいました。

この日は母の日でした。そのため、夫の実家にいた私達。夕方のTVニュースでこの事故を知り、一同、大ショックを受けたことを覚えています。美しく晴れた日曜日、それも母の日に、聖地でこんな事故があるなんて…。

事故以来、州立公園は閉鎖され、今も立ち入り禁止が続いています。その後「落石の可能性を察知し、しかるべき処置を取らなかった」という理由で、ハワイ州に対する集団訴訟も起こされました。ハワイ州が被害者と遺族に850万ドルを払うことで決着したのは、数年後のこと。

ハワイ州がこの裁判であっけなく負けたのには、こんなわけがあります。実はセイクリッド・フォールズは、古来、落石の多いことで知られていました。一部のカマプアア伝説にすら、その事実が登場するとか。先ほど「大昔は渓谷の入り口に見張り番が立っていて、女人禁制。足を踏み入れた女性は死刑になった」と書きましたが、渓谷の入り口に見張りが立っていたのは、何も神聖な土地だったからという理由ばかりではないのかもしれません。落石の危険があったから入場を規制していたのだ、と解釈する人もいます。

それなのにハワイ州政府は、渓谷を保護しようという目的があったのでしょうが、ここを州立公園として定め…つまり人々の憩いの場やリクリエーション地区として渓谷を開放し、結果的に大惨事を招いてしまったことになるわけで。う〜ん、やはりハワイ州に過失があったと言われても、仕方なさそうですね。

今もセイクリッド・フォールズ州立公園の再開放を求めて政府に働きかける人はいるようです。ですが、やはりここは古代ハワイの例にならって、誰も足を踏み入れない方がよいのでは。セイクリッド・フォールズが聖地ならなおさら、カマプアアをはじめとする多くの神々が、「そっとしておいておくれ」と願っているのかもしれませんからね。もちろん、落石事故も神々が起こしたのだ、というつもりはありませんが…。

豆知識

女神ペレ…P216
チャント…P217
ヘイアウ…P217

第1章

07. タロイモの恋伝説

広々とした畑で風になびくタロイモ達は毎日、何を想うのか…

タロイモは古代ハワイアンにとって、なくてはならない食糧でした。タロイモを練りつぶしたポイは日本人にとっての米のようなものだったし、その葉は豚肉や魚を包んで蒸し焼きにしたり、ココナッツミルクと一緒に調理したり。滋養豊かでヘルシーなタロイモは、今でもハワイアンの好物といえるでしょう。

タロイモに関しては様々な伝説がありますが、中でも私のお気に入りが、次のような可愛らしいお伽話です。

昔々、ハワイ島南コナの山側、ホオケナの町の近くに、大きなタロ畑がありました。畑いっぱいにタロが元気に育っていましたが、中でも2本、飛び抜けて立派なタロが隣あって生えていたとか。2本のタロは強く、美しく、大きく…。ハート型の葉は上品なシェイプを描き、茎も完璧なカーブを描いてスクッと伸びていました。

そんな完全な姿をしたタロが隣り合っているのですもの。2本のタロはお互いを密かに賞賛し、いつしか恋心を抱くようになったのも当然です。やがてタロたちは、深く愛し合うようになりました。

ところがある日。タロ畑のある地区を支配する酋長が宴会を開くことになり、その立派なタロを引き抜いてこい！　と部下に命じたから大変。部下はタロに、「おまえたちは明日、宴会に供されることになった。また明日くるから用意しておくように」と伝えて帰っていきました。

そこで2本のタロはその夜、闇夜にまぎれて一緒に畑を横切り、畑の反対側の端に移動。ところが酋長は部下に命じてタロを探し出し、また次の日の食事に出すように命令するのでした。

困った恋人達は手に手をとって必死にジャンプし、今度は隣の畑に逃亡。酋長は激怒してまた追っ手を差し向けたので、恋人達はさらに遠くの畑に移動しました。こうして地域の住民がタロの恋の逃避行を見守る中、酋長の部下とタロの追いかけっこは続いたのでした。

そしてある朝。いよいよ追っ手が、タロ達の隠れている畑のすぐそこに迫ってきました。そこでタロ達は力を振り絞って空中にジャ〜ンプ！

と、そこにちょうど追い風が！　2人の体は宙高く浮きあがり、うまく近隣のカウの村にまで吹き飛ばされていきました。

カウの酋長は、もう1人の酋長とは異なり、とても優しい酋長でした。タロの恋人達は酋長の加護のもとで新しい畑に定着。そこでたくさんの子どもを儲け、大家族を築いて幸せに暮らした、ということです。めでたし、めでたし。

この話はもちろんお伽話ですが、なんとなく…実話のエッセンスが少し混じっているような気がしませんか？　ハワイアンにとってタロイモは古来、大切な食糧だっただけでなく、ハワイアン民族の始祖とされる神の長子であり、ハワイアンの兄弟であるとする神話もあるほどの、重みある植物です。そんなことから私は、このタロの物語が、人間の恋人達をモデルにした物語のような気がしてなりません。

もしかしたら古代ハワイでタブーを犯して恋に落ちた男女は、タロの恋人達のように、罰を恐れてほかの村に逃避行したのかもしれませんね。そしてその村の酋長が許可すれば、その村で幸せに暮らすことができたのかも。それをタロになぞらえて後世に伝えたのが、この伝説なのかもしれません。

豆知識
タロイモ…P218

第1章

08. 王族ハオの愛した泉

カメハメハ3世の治世に建てられた壮麗な教会の名にまつわる泉とは

カワイアハオ教会といえば、ハワイ最古のキリスト教会。王族の結婚式や載冠式も行われた由緒ある教会で、すぐ近くにあるイオラニ宮殿やカメハメハ大王像とともに、重要な史跡として知られています。

カメハメハ3世が、教会建設のためキリスト教宣教師にダウンタウンのこの地を払い下げたのは、1820年のことでした。ですがそもそも教会が建設されるよりはるか前から、ここに美しい泉があったとか。王族女性ハオはことのほかこの泉が好きで、車でもダウンタウンから10分はかかるモイリイリ地区に住んでいましたが、よくこの泉で身を清めた…という伝説があります。

そして1820年、この地に教会が建立された時、教会はハオの愛した泉にちなみ、カワイアハオ教会と名づけられました。カワイアハオとはカ・ワイ・ア・ハオ、つまり「ハオの水」を意味するハワイ語です。

今でもその泉は教会の庭に残っています、と言いたいところなのですが、実は庭に造られている泉の水は湧き水ではなく、水道水。泉はどんピシャリここにあったのではなく、少し離れた場所にあり、教会が完成した際、泉の周辺の岩をここに移し、ハオゆかりの泉を再現したそうです。そう、岩だけが本物というわけです。いったい、どの岩がそうなのかはっきりわからないのは残念ですが…。

とはいえ。カメハメハ王朝時代に、わざわざハワイ初の教会の名が「ハオの泉」と名付けられたのですもの。よほど由緒ある聖なる泉だったのに違いありません。場合によってはカメハメハ3世教会、などと名付けてもよかったはずですからね。

豆知識
カメハメハ大王⇣P216

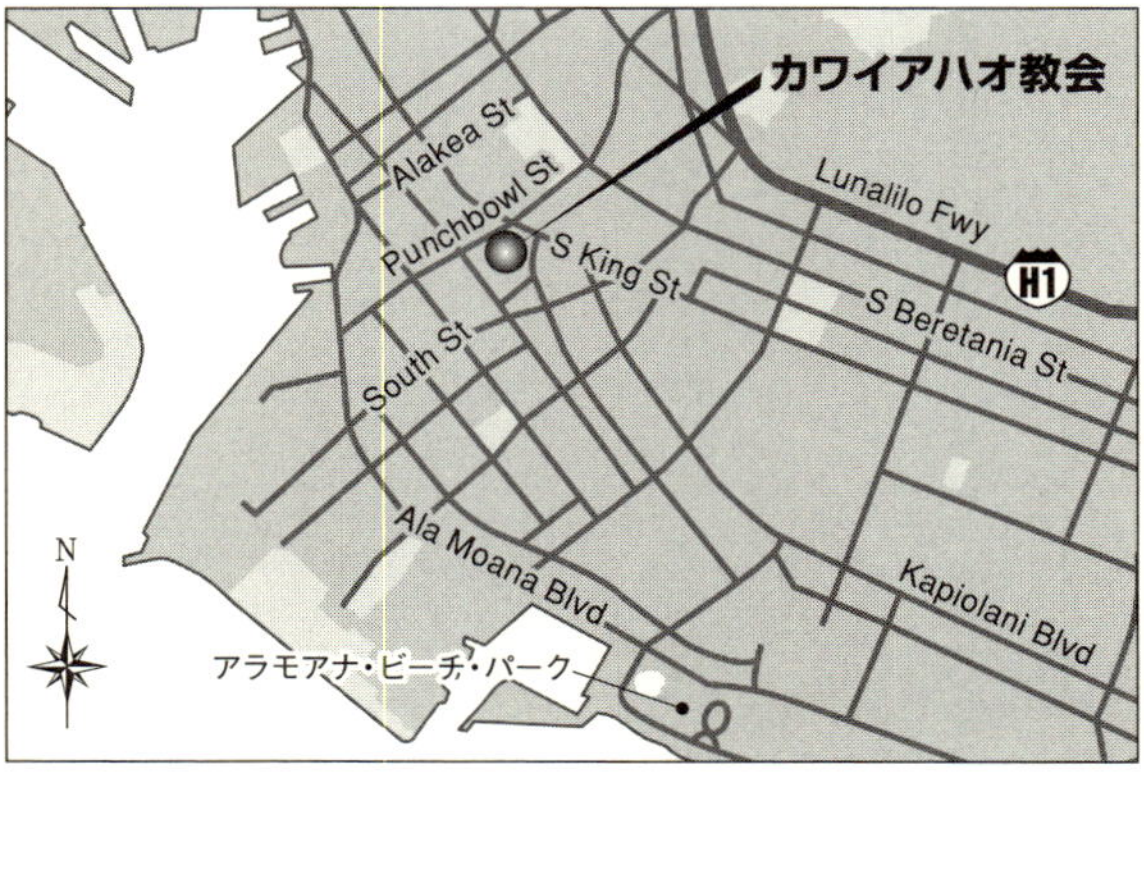

ワイキキから2番&13番バスで約30分。ダウンタウンのパンチボール・ストリートとS.ベレタニア・ストリートの角近くで下車し、海側に歩く。パンチボール・ストリートとS.キング・ストリートの角にカワイアハオ教会がある。

第1章

09. プナヴァイの泉の恵み

ほんの小さな海沿いの泉には秘密のパワーが溢れている…？

昨年、ハワイ島コナを訪れた時のこと。海辺のホテル、アウトリガー・ケアウホウ・ビーチ・リゾートに、散歩がてら立ち寄りました。というのもこのホテルの中には、史跡がたくさんあるからです。史跡ごとに案内板も立てられているので、1人でぶらぶら、「史跡探訪」を楽しむにはもってこいの場所といえます。

数々の史跡の1つが、プナヴァイ・スプリングという小さな泉。何でもこの泉には、赤ちゃんを授ける不思議な力があるとのこと。もしも王族の夫婦になかなか子供ができなかったら。昔、カフナ（祈祷師）は夫婦を連れてこの泉を訪れ、赤ちゃんを授けてくれるよう神に祈りを捧げたそうです。その後夫婦はこの泉で一緒に水浴びをして、儀式が完了。日本でいうと、子授け地蔵を詣でるような感じだったのかな…と想像します。

驚いたのは、この泉の横の緑の庭がプナヴァイ・シークレット・ガーデンと名付けられ、同ホテルのウェディング・セレモニーに使用されることがある、ということです。現在は、広い庭園のあちこちやパーティルームといった7か所が、セレモニー用にセレクトされているよう。うち1つがこの泉の横で、ホテルの説明書きには「古来、懐妊を助ける力があったとされる泉の横にあります」と、謳い文句が記されていました。「少人数でのセレモニーにピッタリ」、なんてことも。ホテルも商魂たくましく、いろいろなことを考えるものですね！

今見る泉は本当に小さくて、直径1メートルくらいでしょうか。こんこんと水が湧き出るというイメージではなく、古い井戸のような印象を受けましたが、昔はもっと大きかったのかもしれません。

ちなみに、今も（結婚式ではなく）懐妊のための儀式をここでする人がいるかどうかは、今ひとつ不明です…。

豆知識
カフナ⇣P217

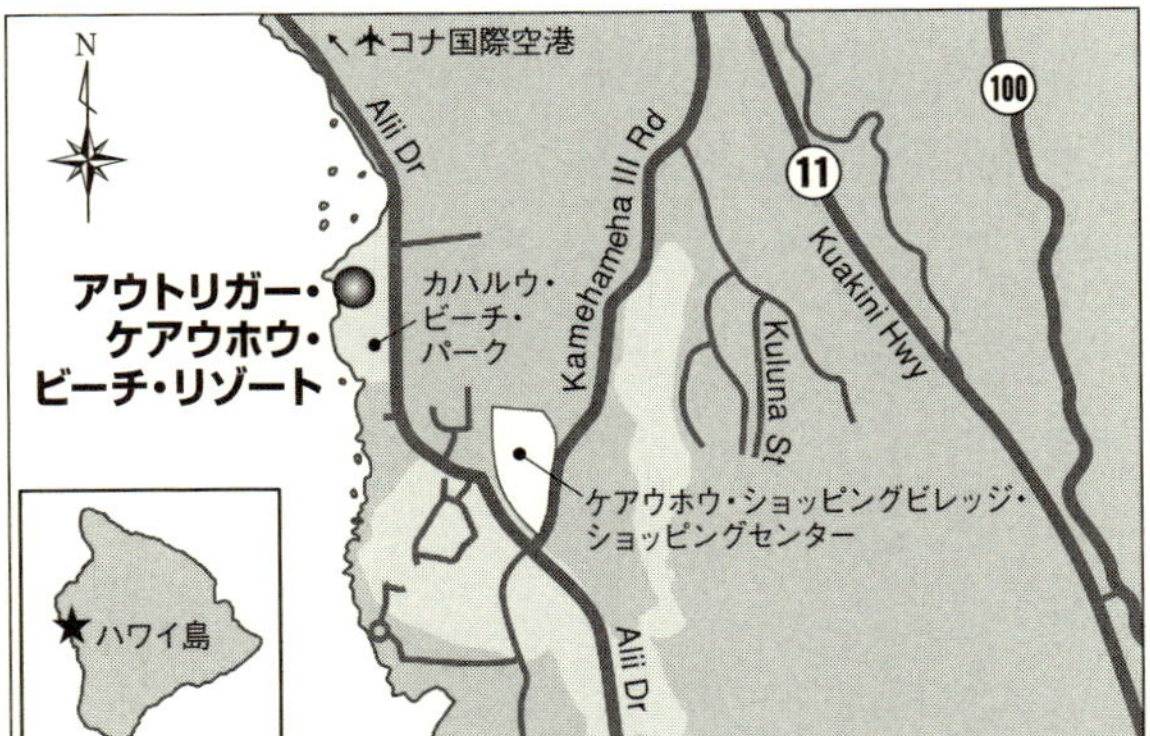

アウトリガー・ケアウホウ・ビーチ・リゾートのガーデン内（案内板が出ている）。カイルア・コナから行くには、アリイ・ドライブ沿いを中心にケアウホウ地区を巡回するシャトルバスを使うと便利。

第1章

10. メネフネは実在した？

スミソニアン博物館の原寸モデルは中学生の腰ほどの背丈

メネフネといえば、ハワイの伝説上の小人族。働き者で手先が器用で、ハワイ各地にメネフネの造った…とされる石の建造物が残されているのは、ハワイ好きの皆さんはもうご存知ですよね？　伝説によれば、ポリネシア人が紀元300年～500年にハワイに上陸したとき、すでにメネフネ族が住んでいたとか。石造りの神殿が、その時すでに多数存在したということです。

このメネフネ伝説の起源につき、前著「ミステリアスハワイ」では「メネフネ＝マルケサス人説」を紹介しました。要約すると、ハワイに初めて上陸したポリネシア人はマルケサスからの航海者。マルケサス人はあまり食糧を持ちこまなかったので身体が小さかったのに対し、後からやってきたタヒチからの移住者は用意万端！　食糧もふんだんにあって身体も大きかったので、先住者をたちまち奴隷にしてしまった、というのがメネフネ＝マルケサス人説です。

起源に関するこの説を除けば、メネフネはあくまでも伝説上の存在。ですが、ハワイではその実在を信じる人々が一部いるのも事実。けれどそれは「私は神の存在を信じる」みたいなレベルとでも言いましょうか？　誰が何を信じるのも勝手ですが、具体的な可能性としては、私も含め一般にあまり信じられてはいません。昔コロボックルや麒麟が存在した、と信じる人が日本にもいないように…。

ところが！　２０１１年6月、我が家はアメリカの首都ワシントンＤＣを訪れたのですが…。その際、スミソニアン博物館のある展示を見て私は「メネフネ族は存在した？」との想いにとらわれ、胸がドキドキするほど興奮してしまったのです。


詳細に触れる前に、まずスミソニアン博物館を少し紹介させてください。私も行くまで知らなかったのですが、スミソニアン博物館というのはあくまでも博物館の集合体の名称。正確にはその名のもとに、19もの博物館＆ギャラリーが、一帯の広いエリアに独立して建っています。その1つ1つがとにかく巨大で、見るべきものが一杯。なかでも人気なのが自然史博物館、アメリカ歴史博物館、航空・宇宙博物館の3館です。

そのうち自然史博物館が、私のお気に入り。見所は多いですが、恐竜やマンモスの化石、手にした人が次々不幸に見舞われたという忌まわしい過去を持つホープ・ダイヤモンドなどが、目玉といえるでしょう。

自然史博物館ではまた、古人類のコーナーにも大変広いスペースを費やしています。そこには、ネアンデルタール人やジャワ原人など、私達、現生人類（ホモ・サピエンス）以前に地球に存在した古人類の化石もたくさん。

そして一角には、それら古人類の原寸モデルのようなものも展示されていました。そう、映画「猿の惑星」めいたモデルがいくつも展示されていたんですね。

そういったモデルの1つの前で、夫が叫びました。

「あっ、これメネフネだ！」

そしてそのモデルを見て、私も固まってしまいました。…それは身の丈1メートルにも満たない小さな旧人でした。ホモ・フロレシエンシスと言います。2003年というごく最近、インドネシアのフローレス島で発見されたもので、初め学者達はそれを子供の化石だと思ったそう。ですがその後の調べでそれがれっきとした成人の化石であり、小さい身体ながらも火を使い高度な武器を作っていたこともわかっています。

その原寸の女性モデルは本当に小さく、背丈は私や娘の腰ほど。そのためホモ・フロレシエンシスという難しい学名のほか、ホビットとの愛称でも知られています。「指輪物語」にも出てくる小人族ですね（作家トールキンスの造語ですが、今やハワイでのメネフネと同様、世界では小人族の代名詞となっています）。

え？　それがどうしたかって？　インドネシアの孤島に身の丈1メートルの旧人がいたからと言って、それがなぜメネフネと関係あるのか？

…私は関係が大ありだと思うのです。

なぜなら、ご存知の方も多いと思いますが、ポリネシア人の遠い祖先というのはそもそも、マレーシア、インドネシア周辺からやって来たといわれています。彼らが海を渡ってサモア、トンガあたりに入り、ポリネシア文化を育成し、それがタヒチやマルケサスなど東ポリネシアの島々に移ったというのが、現在の通説。ハワイにはタヒチやマルケサスから大規模な移住があったことは、すでに触れた通りです。

つまり、ポリネシア人の遠い祖先がインドネシア付近に住んでいたのなら。小人族ホモ・フロレシエンシスが直接ハワイにたどり着いた…のではないにしても、途中で彼らと接触があったと考えるのはそれほど無理がないと思うのですが、いかがでしょうか？

ホモ・フロレシエンシスは1万6000年ほど前に絶滅していますが、1万6000年といっても、人類の歴史を考えた時、それほど古い時代ではないのです（絶滅は8000年前との説もあります）。たとえば日本の縄文時代が始まったのが、約1万3000年前。

そもそも現代の人類がアフリカで発生したのは20万年前とされています。地球上にはその頃、ほかに3種の人類がいました。ジャワ原人や北京原人などを含むホモ・エレクトス、そしてネアンデルタール人と、ホモ・フロレシエンシスです。

ですがホモ・エレクトスは7万年前に、ネアンデルタール人は2万8000年前に絶滅。現生人類ホモ・サピエンスとともに最後まで残ったのが、ホモ・フロレシエンシスでした。そうなんです。私たち現生人類は、けっこう長い期間ホモ・フロレシエンシスと共存していたんですね（これらの事実を、私は自然史博物館で勉強してまいりました）。

これら4種の人類がどれほど関わりを持ちながら生きていたのかはわかりませんが、ホモ・エレクトスと現生人類がアジアに達していたことは確か。彼らとホモ・フロレシエンシスが、お互いの存在を知っていたと考えるのは自然でしょう。そして。もしかしたらほかの人類はホモ・フロレシエンシスを、小人族と呼んだかもしれないではないですか！　ホビットという言葉は当時まだなかったにしても…。

何でもアメリカのナショナル・ジオグラフィー誌によると、２００３年にホモ・フロレシエンシスが発見された時は大騒ぎになったそうです。古人類学上、過去50年間で最高の発見とされ、過去見つかった中で最も驚きの人類と呼ばれたとか。

しかも。自然史博物館にはホモ・フロレシエンシスの生活想像図のようなものが展示されていて、これにもビックリでした。それは、小さな人がコモドドラゴンと戦っている絵でした。何せ小人族の故郷フローレス島は、コモドドラゴンの生息地であるコモド島のお隣。フローレス島からも、コモドドラゴンの化石が発見されています。その、ホモ・フロレシエンシスがコモドドラゴンと対峙する図は、まさに人間ＶＳ恐竜という感じでした。

そこでまた「ハッ！」とした私。

もしかしたらホモ・フロレシエンシスとコモドドラゴンの話は、ポリネシア人が海を渡ってハワイの島々に広がった時、メネフネ族、そしてモオの伝説として残ったのではないでしょうか？　モオはハワイ伝説上の大とかげ。ハワイにゲコはいてもワニもコモドドラゴンのような大とかげもいないわけですから、モオのモデルについても謎だったわけですが、もしかしたらそのルーツは、インドネシアのコモドドラゴンだったのかもしれないですよね。あくまでも想像ですが。

…ここまで読んで、「何を絵空事を！」と思った方もいたかもしれません。でも。シュリーマンが、長らくギリシャ神話上の架空の都市だと思われていたトロイアを発掘したように、伝説というのは結構、史実に基づいた側面もあるもの。

実際、やはり自然史博物館でこんな話を聞きました。

マンモスなどの化石コーナーで、ある団体さんがガイドに引き連れられてやってきました。ガイドは、史上最大の有袋類の動物で昔オーストラリア大陸に生息していたディプロトドンの化石の前で足を止め、説明を始めました。ディプロトドンはコアラやウォンバット、カンガルーなどの仲間ですが、6000年ほど前に絶滅したこと。そしてディプロトドンは体重3トンにも達する、現代のサイほどのサイズだったことなどを説明していました。

「…1830年代に初めてその化石が見つかるまで、こんな大きな動物がオーストラリアにいたとは、誰も知りませんでした。でもオーストラリアの先住民であるアボリジニの伝説の中では、それらしき動物の存在が伝えられていました。アボリジニは口頭伝承によって数十世代、数百世代にわたり、巨大なモンスターの存在を伝えていたんです」

ちょっとその後リサーチしてみると、ディプロトドンはアボリジニ伝説上の怪物、バンイップのモデルではないかと信じられているそう。バンイップというのは湿地帯や小川に住んでいた怪物で、人を襲うこともあるけれど水の精と呼ぶ地方もあったそうです。名前や話の中身は違っても、オーストラリア全土にそういった伝説があるということでした。

火のないところに煙はたたないという例えどおり、神話や伝説には一部の史実も隠されている…と私は常々思っています。とりあえずホモ・フロレシエンシスの形跡はフローレス島でしか見つかっていませんが、将来、ハワイ諸島のどこかで、同様の小人族の化石が発見されることだって、ないとも限りません。

実際、恐竜の化石の発見だって、意外に近世だったんですよね。それは1676年のこと。オックスフォード大学のロバート・プロット博士が巨大な恐竜の大腿骨を発見したのですが、プロット博士はその時、巨人族の骨を見つけたと思ったそうです（こんな情報も、自然史博物館の恐竜の化石コーナーに展示されていました）。

そんなわけで私は、今ではメネフネ＝ホモ・フロレシエンシス説を勝手に、強く信じるようになりました。あなたはメネフネ＝マルケサス人説派？　それとも？

…いずれにしても、ものすごくロマンをかきたてられる話題ですね！　メネフネ伝説って。

豆知識
モオ…P218

第1章 11. カペナ・フォールズの物語

ルナリロ王＆カママル王女の恋の舞台だった滝がここ

ホノルルはダウンタウン在住の私。ヌウアヌの山沿いを車で5分行ったところに、カペナ・フォールズがあります。

カペナ・フォールズといっても日本の皆さんには馴染みが薄いかもしれませんね？　ですがこの滝は名曲「アレコキ」ゆかりの滝。アレコキといえば恐らく全世界のフラ・ダンサーにお馴染みの、スタンダードなフラソングです。その舞台となったアレコキの池は、かつてこのカペナ・フォールズのすぐ近くにあったのでした。

アレコキはハワイ王朝6代目の君主、ルナリロによって書かれた曲。もっとも、曲が書かれたのはルナリロが王に就任するはるか以前の１８５０年代。ルナリロは20歳前後だったといわれます。

ルナリロは当時、カメハメハ大王の孫に当

たるカママルと愛し合っていました。実際、2人は幼い頃からの許嫁。幸せな若い2人だったはずなのですが…。ある時、逢引きの場所アレコキに、カママルは姿を見せませんでした。待ちぼうけを喰った、若きルナリロ。その嘆きを謳ったのがアレコキの歌です。

ちなみに正確には、ルナリロの嘆きは1度限りの待ちぼうけに対するものではないようです。結局、ルナリロとの婚約も恋愛もなかったものとして去っていったカママル。その一連の恋の痛みが、アレコキに謳われているんですね。いわば失恋歌といえばいいでしょうか?

…カペナ・フォールズを見るたび、遠い昔の悲しい恋物語に思いを馳せる私です。

カペナ・フォールズに関しては、有名な伝説も1つありますので、そちらもご紹介しましょうね。

昔々の大昔。カペナ・フォールズのすぐ近くに、ある夫婦が居を構えました。夫婦は5匹の犬を飼っており、その犬達がまた素晴らしい番犬で、夫婦の小屋の周りを離れることは決してなかったそうです。見知らぬ人間が小屋に近づくことも、絶対に許しませんでした。夫婦のどちらかが、訪問客を迎え入れるまでは…。

あまりに賢く、夫婦に忠実な犬だったので、近隣の人々はいつしか、「あの5匹はただの犬ではないな」と感じはじめたそうです。あの犬達はスーパーナチュラルな存在、つまり超人ならぬ超犬的な力を持った存在なのだろうと、うすうす気がついたのでした。

夫婦の住まいの横には、ヌウアヌからカイルア方面へと抜ける峠越えの道が通っていました。通行人が多い道ではありますが、ただ通り過ぎる旅人を、犬が威嚇したり追いかけることは全くありませんでした。夫婦の小屋に侵入しようとしない限り。ホントに賢いワンちゃんだったわけですね。

ところがある日。夫婦の友人2人が、その道を通りかかりました。するとふだんは旅人に知らんぷりの犬達が飛びだしてきて唸り、道を塞ぐように横たわるではありませんか！

それを見て感じるものがあったのでしょう。1人は踵を返してワイキキ方面に戻って行きました。ですが1人は犬達を撫ぜるとそのまま峠越えの道を進んでいきました。そしてそのまま、2度と戻ることはありませんでした。その先の道で追いはぎに遭い、殺されてしまったからです。

やはり5匹の犬達は、ただ者（ただ犬？）ではなかったわけですね。

犬からの忠告を受け取り、Uターンして命拾いした旅人が、犬達に大変感謝したのは言うまでもありません。

ロマンスと伝説の残るこのカペナ・フォールズは、静寂の森に包まれ、ダウンタウンの喧騒とは別世界。聞こえてくるのは河のせせらぎと鳥のさえずりだけ…。すぐ上をパリ・ハイウェイが通っているとは思えないほどです。なので、あまり早朝や夕刻以降は訪れない方がいいかもしれません。もう1つ。周辺のヌウアヌ河の水は昔のような清流とはいかず、遊泳禁止。水に入らない方が無難です。

（最後に無粋な話でごめんなさい！）

豆知識

カメハメハ大王…P216

ホノルルのダウンタウンから、山側に車でヌウアヌ・アベニューを5分ほど進む。通りの右側にあるヌウアヌ・メモリアル・パーク・セメタリーの駐車場奥から、カペナ・フォールズに続くトレイルがある。市バスなら4番で。

第1章

12. 仮死の王を救ったヘイアウとは？

カメハメハ一族ゆかりの史跡。19世紀初頭、ここで奇跡が起こった

ハワイ島のカイルア・コナに準ずるリゾート地として、ケアウホウという土地がありま す。ケアウホウはコナの南隣の街なのですが、歴史に彩られた、実にスピリチュアルな地域がここ。以前シェラトン・ケアウホウ・ベイ・リゾート&スパに滞在した際、ホテルから歩いてすぐの場所にカメハメハ3世生誕の地があると聞き、散歩がてら出かけました。

ホテルから徒歩5分。ケアウホウ湾のすぐ山側にいくつかの史跡が集中しており、そこには案内板なども建てられていました。カメハメハ一族ゆかりの史跡が多いため、一帯は「カメハメハ一族の庭」と名付けられ、カメハメハスクール財団に管理されています。

くだんのカメハメハ3世の生誕地は今、簡単な石垣で囲われているだけですが、昔はここにヘイアウ(神殿)がありました。ホオクク・

ヘイアウといいます。案内板によれば、カメハメハ３世の母、ケオプオラニはケアウホウ湾にカヌーで到着直後、産気づいたとか。１８１４年3月17日、ここでカメハメハ３世を出産しましたが、死産だったそうです。

そこにやって来たのが、ある酋長に仕える預言者、カマロイヒでした。カマロイヒは宣言しました。

「この赤ん坊は死なない。生きのびるだろう」

そこでカマロイヒが近くにあったカオパの泉に赤ん坊を浸すと、赤ん坊は息を吹き返した…ということです。

またほかの資料によれば、カマロイヒは赤ん坊を清め、地面に横たえました。そして団扇で扇ぎながら赤ん坊に水をふりかけ、神に祈りを捧げると、赤ん坊が動きはじめたとか。

また３つめの資料による説明はこうです。赤ん坊の身体はある岩の上に数日間置かれていましたが、岩の不思議な効力により、生き返ったそうです。

史跡にはもう、その泉も岩の姿もなく、魔法のパワーも確かめようがないのは残念ですが、なんとも不思議な逸話ですね。

豆知識
ヘイアウ⋯P217

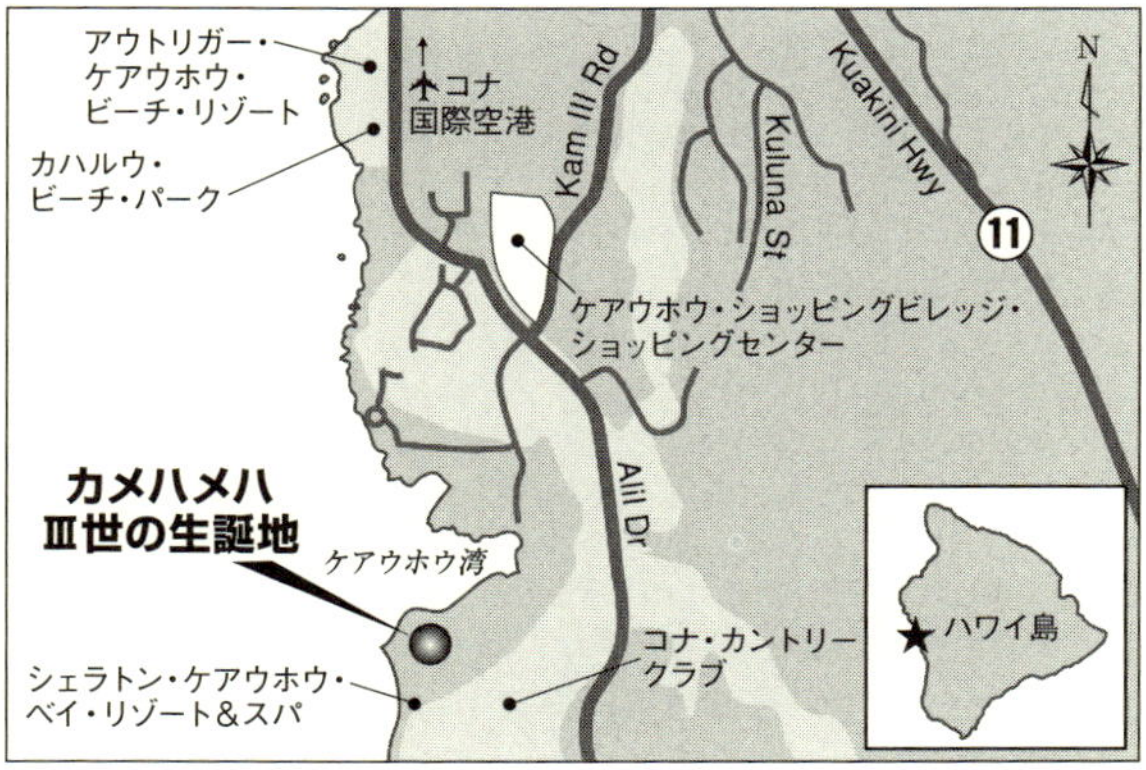

シェラトン・ケアウホウ・ベイ・リゾート＆スパから徒歩5分。ケアウホウ湾の山側にカメハメハIIIバースプレースの碑がある。カイルア・コナ―ケアウホウ間は巡回シャトルも走っている。

第1章

13. ポハク・ラナイのミステリー

岩と珊瑚でできた不思議な岩はタヒチから漂ってきたのか。それとも？

オアフ島ノースショアに出かけた時のこと。ワイアルア近くのカイアカベイ・ビーチパークで、なんとも奇怪な岩を見かけたのです。

写真では見づらいと思いますが、その岩は、遠くから見ると巨大なキノコのようでした。近くに寄ってみると二つの岩から成っていて、小さな岩の上に大きな岩が危うく乗っているような感じです。岩と岩の間は、洞窟状にポッカリ空いていました。猫か何かの住処にちょうどよさそうな、穴がポッカリと…。

岩は珊瑚混じりで、高さは4メートル、幅5、6メートルくらいでしょうか？ 周りにティーリーフの葉が植えられているところを見ると、何か所縁のある岩のよう。そこで家に戻ってリサーチしてみると、やはり！ この岩はポハク・ラナイと呼ばれ、様々な伝承がある岩（ハワイ語でポハク）なのでした。

一見して古い岩なのでいろいろな曰くがありますが、その中の1つは、この岩はタヒチから漂ってきたものだというもの。ハワイの半神半人、マウイが海から投げたもの、という説もあります。または、この岩はもう何千年も昔からこの地にあり、火山活動によって一帯が地上に出てくる前までは海面下にあった、とする説も。その経過の途中、波に洗われたことによって、2つの岩の中心部が削られてキノコ状になったとも。

真相は定かではありませんが、岩と珊瑚が一体になっている形状から見て、どの説も信憑性がありますね。ちなみに、近くに似たような岩は全く見られませんでした（なぜラナイの岩と呼ばれるのかも、わかりません）。

しかも私がこれまで見てきたハワイのいわくあるポハクとも、全く印象が違います。私のイメージするポハクは一般によくある自然岩で、形そのものはごく普通。でもポハク・ラナイはすごく変わっていて、古代ハワイを通り越して原始時代の遺物という印象です。私は一見してすぐ、奈良県明日香の石舞台を連想しました。

ポハク・ラナイの用途についてもまた、多説あるようです。信仰の対象、つまり祭壇やヘイアウ（神殿）の一部であったというものや、近隣の漁師が魚の群れを探すための物見櫓であったというものまで。漁師はポハク・ラナイの上から魚の大群が近づいてくるのを見つけると、木の棒でポハク・ラナイをガンガンと鳴らし、待機している漁師達に知らせたのですって。畏れ多くて試してみるのは怖いですが、珊瑚混じりの岩なので、もしかしたらキンキンとか？　コンコンとか？　よく鳴ったのかもしれませんね。

ともあれ。ハレイワにお出かけの機会があれば、この不思議なポハク、ぜひご覧になってください。一見の価値ありの不思議度ですよ。

豆知識

ヘイアウ→P217
ポハク→P218
ティーリーフ→P218

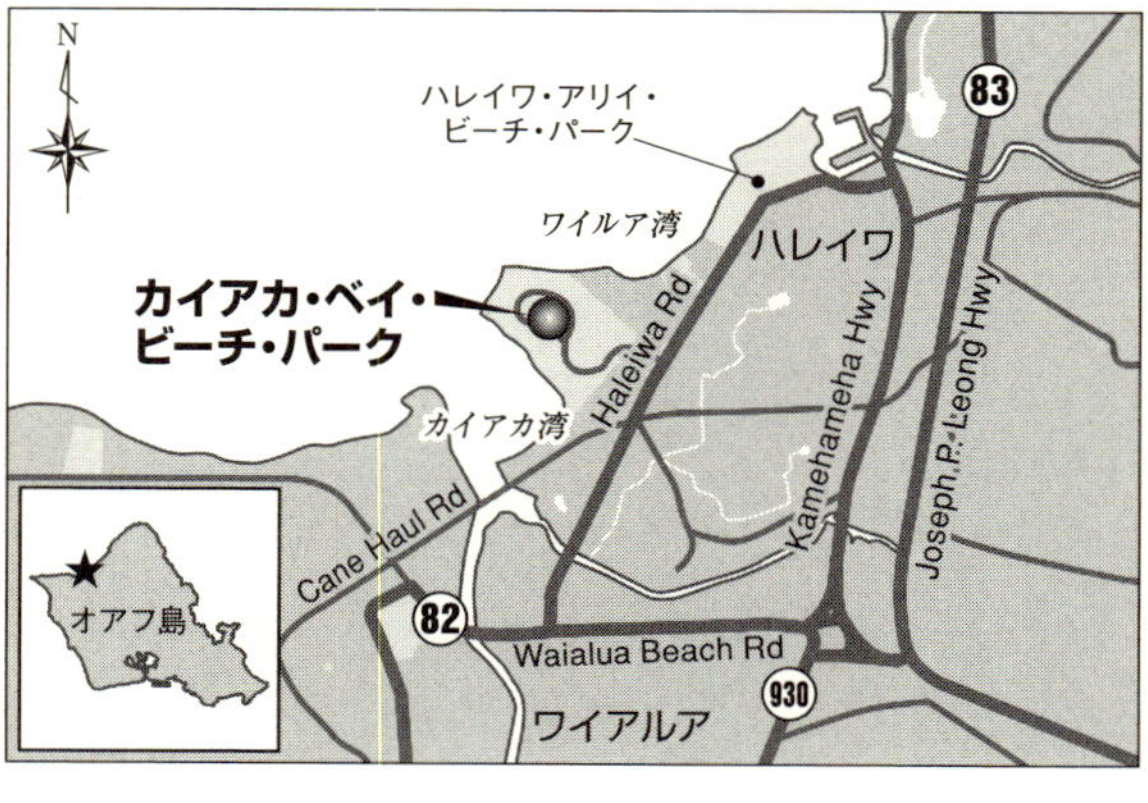

ハレイワ・ロード沿いにあるカイアカ・ベイ・ビーチ・パークの中。そのままハレイワ・ロードを進んだ先には、ハレイワ・アリイ・ビーチパークがある。

第1章

14. ハウオラストーンの霊力

特別なマナを持つハウオラストーン。過去、何人が腰かけたのだろう

ラハイナといえば、マウイ島随一の観光地。雰囲気のよい臨海公園は昼夜、観光客で賑わっていますが、公園からほんの数メートル先の海中に、地元のハワイアンが敬う聖なる岩があります。ハウオラストーンという岩がそれ。

15世紀の昔から、このハウオラストーンはマウイ島の王族女性によりバースストーンとして使われてきました。バースストーンというのは、その上で出産すると産みの苦しみが和らぐという、特別なマナ（霊力）が籠もった岩のこと。この手の岩ではオアフ島ワヒアワにあるクーカニロコの遺跡が有名ですが、クーカニロコに限らず、昔はハワイ各地にバースストーンがあったようです。たとえばホノルルのプナホウスクール前や、カウアイ島にも、有名なバースストーンがあります。

ラハイナのハウオラストーンは、ちょうど波に洗われる浅瀬の海に位置しているので、この岩の上での出産は気分的に水中出産だったのでしょうか？　出産の苦しみを、岩に籠もるマナにプラスして、静かに押し寄せる冷たい波が癒してくれたのかもしれません。また海の持つ霊的な癒しの効果や洗浄作用も働いていたのかな…と、私は一人勝手に想像しています。

もっとも、後世この岩は、バースストーンとしてではなくヒーリングストーン、つまり癒しの岩としても使用されたそうです。病人はこの岩に座り足を水中でぶらぶらし、波に洗われるのにまかせたとか。ちなみにハウオラとは、ハワイ語で命、健康を助長する、という意味があります。

このように過去５００年にわたり、ハワイアンから神聖視されてきたハウオラストーン。この岩の上には、いったい何人のハワイアンが座ったのでしょう？　岩の中央部にあるわずかな窪みは、そのためにできたものとも言われています。

ハウオラストーンは公園の岸壁からすぐそこに鎮座しているので、私もちょっと座ってみたいような気もしたのですが、やはり畏れ多くてやめておきました。聖なる岩なのですもの。遊び半分で腰かけては、やはりいけませんよね。

豆知識
マナ…P217

マウイ島ラハイナ、フロント・ストリート沿いの臨海公園前の海の中。海沿いに設置された説明パネルが目印。バニヤン・ツリー・パークのすぐ近く。

第1章

15. ペレ神話の謎

女神ペレの棲家、キラウエア火山のハレマウマウ・クレーター

フランク・ヒューエットさんといえば、フラ競技会の最高峰、メリー・モナーク・フェスティバルの審査員も務めた、偉いクムフラ（フラの教師）。しかもカフナ（祈祷師）としての肩書きをも持つ、大変スピリチュアルな方です。

以前あるフラのイベントで、このフランクさんと、キラウエア火山のハレマウマウ・クレーターにご一緒したことがありました。その際、噴煙をあげるクレーターを見下ろして立っているフランクさんに、恐る恐る聞いてみたのです。

「ペレの存在を感じますか？」

ハレマウマウは、火山の女神ペレが住むと信じられているクレーターですね。カフナでもあるフランクさんなら、妖気か何かを感じたとしても、なんの不思議はありません。

それに対し、「YES、感じる、感じる。それにとてもすがすがしい気分だよ」と答えてくれたフランクさん。しかも、「ペレはヒューエット家の先祖だからね」なんておっしゃるではないですか。

確かにハワイには、「ペレの子孫である」と主張する人々がいます。昔フラ・ハーラウ（フラの学校）で一緒だったハワイアン女性も、同じことを言っていました。でもペレって、ハワイ神話上の女神ですよね？ その子孫であるというのは、いったいどういうことなのでしょうか？ …それに関するフランクさんの説明は、次のようなものでした。

「ペレというのは、大昔タヒチからハワイに渡ってきた人間の女性なんだ。彼女は強靭で崇高な人格の持ち主で、一族はペレを敬い、彼女の指示をよく守った。そうして一族の長として長年崇められた結果、ペレはだんだんと神格化され、後年、女神として人々に記憶されることになったんだよ」

フランクさんの家には、ペレから連なる長い長い一族の系譜を伝えるチャント（詠唱）も残っているのだそうです。「ぜひそのチャントを聞かせてください」。図々しくリクエストした私に、「本を見ながらじゃないと…」というフランクさん。流暢なハワイ語を話すカフナだった祖母に育てられたフランクさんは、今やハワイでも珍しい、ハワイ語の本格的な使い手です。そのフランクさんが「本を見ながらじゃないと…」というからには、相当長いチャントなのでしょうね。

この話をどう受け取るかは、人それぞれでしょう。ですが少なくとも私は、ここでもまた大昔の神話や伝説の始まりの秘密を、垣間見たような気がしました。そう、「メネフネは実在した？」の項で述べたのと全く同じ感慨を受けたわけです。…きっとタヒチからハワイへの移住が盛んだった1000年以上も前、強大な権力を持ったペレという女性が実在したのでしょう。人々はその女性を崇拝し、奉り、いつしか神として後世に伝えられたというフランクさんの説明に、私は妙に納得してしまいました。ペレだけではなくハワイ神話の大神カネや平和と豊穣の神ロノにも、もしかしたらモデルとなった偉大なハワイアンが存在したのかもしれませんね。

…それにしても。のちに神格化され、子孫に崇拝されるようになったのはよいとしても、いつの間にか「残忍で嫉妬深い」「恐怖の女神」なんて形容まで定着してしまった、ペレ。今頃はあの世で、苦笑いしているかもしれません。

豆知識

カネ、ロノ（ハワイの4大神）⋯P216
女神ペレ⋯P216
カフナ⋯P217
チャント⋯P217
メネフネ⋯P219
クムフラ⋯P219

CHAPTER 02

Mysterious Stories of Hawaii
ミステリアスなハワイの物語

第2章
ミステリアスなハワイの物語

今やアメリカ50番目の州となったハワイ。とはいえ都会的な顔と同時に、超自然的なパワーを信じ神々を畏怖するという昔ながらのスピリチュアルな側面が、今なおハワイには根強く残っています。この章では古来の不思議話に加え、私自身がハワイで見聞きしたミステリアスな話を集約。神話・伝説の類いではないものの、ハワイ文化の香りが漂う、奇な話を紹介します。

第2章

16. ペレを怒らせたカメラマン

ハレマウマウ・クレーターで、女神ペレにフラを捧げるフラ・ダンサー

ハワイ島のキラウエア火山といえば、世界一活発な活火山。ここでは時により、煮えたぎる溶岩が海に流れこむ様子が見られたりすることも。

20年ほど前になりますが、私もヘリコプターに乗って空からキラウエア火山の火口の1つを見学したことがあります。火口で、たぷんたぷんと波打つ真っ赤な溶岩を見て、「地球は生きているんだ！」と、感動しました。

火山の女神ペレが住むとされ、火山そのもののパワーに加えて女神ペレの霊気までもが漂うミステリアスな地が、キラウエア火山なのです（第1章「ペレ神話の謎」参照）。

そういえばある年の4月。メリー・モナーク・フェスティバル取材の一環として、キラウエアを訪問しました。メリー・モナークに出場するフラ・ハーラウ（フラの学校）は、女神ペレを、表敬訪問するのがお約束です。ペレが住むと信じられているキラウエア火山のハレマウマウ・クレーターを訪れ、フラやチャント（詠唱）を披露し、レイなど贈り物を納めるためです。フェスティバルの開かれるヒロの街は、なんといってもキラウエアのお膝元ですから。

ある日、某フラ・ハーラウのキラウエア参りに同行することになった私達。ハレマウマウ・クレーターの駐車場でフラ・ダンサー達と合流しました。と、そこでクムフラ（フラの教師）が「皆、裸足になりなさ〜い」と一言。「ここは女神ペレの住居です。誰かの家に入る時は、もちろん靴を脱ぐのが礼儀ね？　だから私達も素足でクレーターまで歩きます」

そして取材陣にも、「そういうわけだから靴を脱いでちょうだいね」。エッ！　と思った私。今回キラウエアに行くというので、わざわざ息子の新品のウォーキングシューズをこっそり履いてきていました。でも仕方ありません。靴とソックスを脱ぎ捨てて、一行の後に続きました。

ところが、溶岩のうえを素足で歩く辛さと言ったら！　溶岩にはガラス質の物質も含まれていますから、チクチク、ゴツゴツ、それは痛いのです。今にも足を切ってしまいそう…。ダンサーは別として、その他の人々は皆、ぎっくり腰かのような弱々しい歩みでクレーターへと進みました。

ですが一行の中で、しっかり靴を履いている男性が2人。それはホノルルの英字紙Ｓの記者とカメラマンでした。彼らは若干遅れてきたので、きっとクムフラの注意を聞かなかったのでしょう。それでも、そこにいる全員が素足で歩いているのだから、事態を察してもよさそうなものですが。

と、次の瞬間。見るともなく見ていると、その英字紙のカメラマンが転んでいるではありませんか！　彼は

30センチはあろうかというプロ仕様の望遠レンズ付きカメラを、2つも首から下げていました。派手に転んでしまって、高級カメラは大丈夫だったかしら、と人ごとながら心配になりました。

それにしても…。50人近くいた一行中、靴を履いていたのは彼ら2人だけだったんですよ。それなのに、なぜヨロヨロ歩いていた素足組ではなく、靴でしっかり足をカバーしていた彼が転んでしまったのか。運が悪かったのか？　それとも、ペレ宅にお邪魔するのに靴を脱がなかった無礼さに、ペレが罰を下したのでしょうか。

その2日後、くだんの英字紙Sの一面に、フラ・ダンサーのキラウエア参りの記事が載っていました。でも。その写真は私達が同行したフラ・ハーラウの写真ではなく、全く別のグループの写真が添えられていたのでした。となると、やはりあの時の写真は、カメラマンが転んだ時の衝撃で使えなくなったのかも…。もちろん、あくまでも推測なのですが。

しかもその英字紙Sの記事を読んでさらにビックリ。というのも、そこにはクムフラの「ここはペレの住居です。靴を脱がないのは無礼…」のコメントが、そっくり引用されていたからです。ということはあの人達、なぜ皆が靴を脱いでいるか、ちゃんと知っていたんですね。それなのに自分達は、靴を脱がなかった。

知らなかった、うっかりミスというのなら話は別ですが、彼らは確信犯だったわけです。

そんなことを考えると、やはりカメラマン氏が溶岩上でこけてしまったのは、ペレの御意思だったような気がしてなりません。…考えすぎでしょうか？

豆知識

女神ペレ⇢P216
チャント⇢P217
クムフラ⇢P219

第2章

17. ビショップ博物館の石像

なぜか石像はハワイアンホールから動こうとしなかった

ホノルルのビショップ博物館といえば、ポリネシア文化の殿堂。ティキ像その他、古代から伝えられてきたポリネシア各島の貴重な遺物の膨大なコレクションで、世界的に知られています。

博物館の中でも中心となる建物が、ハワイアンホール。神話、王族、フラなど、ハワイにまつわる様々な歴史遺物を展示する3階建て、吹き抜けの建物なのですが、2006年7月からずいぶん長らく改装工事をしていました。ハワイアンホール開館以来の大がかりな改装で、総費用は約21億円。展示内容も設備も一新され、2009年夏に完成したばかりです。

この改装工事、当初の予定では2007年末に終了するハズでしたが、予定が2008年春に延び…。それが秋に遅れ。

どんどん工事のスケジュールが遅れるたび、「やはりスケジュール管理がルーズなハワイだから。こういうこともありがちだ」と思っていました。

ところが、博物館の会員向け季刊誌「カ・エレエレ」を見てビックリ！　ある記事に、工事が延びたのはハワイアンタイム（時間が遅れがちなこと）だけではなく、スーパーナチュラルな理由があった、と書かれていたからです。

ハワイアンホール1階には、カネイコカラと呼ばれる石の神像が展示されています。ハワイ島で発掘された魚の神の像なのですが、この石像を展示場から動かすことができなかったため、改装工事のスタートが遅れた、と会員誌の記事は報じていました。

カネイコカラは高さ約1メートルほどで、パッと見ると人間の立ち姿のよう。それも目や口があって顔のように見える部分があり、なんとも言えず不気味な雰囲気が漂っていて。うちの子ども達は、いつもこの石像の近くに行くたびに怖がっていました。石像は１９０６年、ハワイ島カワイハエ在住のジェームズ・ポアイ氏から博物館に寄贈されたのだそうです。

当時ポアイ氏は妹の婚家で暮らしていましたが、ある真夜中、妻の義父が一同を起こし、妙なことを言ったそう。

「こんなことを頼むのは初めてなのだから、ぜひ聞いてほしい。カヴァ酒と3匹のボラ、ヤシの実を取ってきておくれ」

それらが揃うと、義父は一同を連れて１.５キロほど歩き、ある民家に入りました。時は真夜中の2時。暗闇の中、庭を探し回り、一同にある場所を掘るよう命じたそうです。わけがわからないまま、家の住人に気が付かれないよう一同が庭を掘り続けると…。スコップが何か固いものにぶつかり、義父は「それだ！」と叫んで一同の手を止めたそうです。

そして出土したのが、このカネイコカラの像。家に戻ると、義父は一同に説明しました。義父はそれまで、何晩も続けて不思議な夢を見続けていたそう。カネイコカラの石像が夢に現れ、「冷たい土から掘り出してくれ」と懇願していたとか。

しかもカネイコカラの発見から3日後。義父は急に皆の前で言いました。「もう死ぬ時がきた」。義父は漁師でした。家に置いてあった魚網を身体にかけると、本当にそのまま死んでしまったのでした。

…なんとも不思議な話ですね。お伽噺みたいな。でも、このカネイコカラ出土の経緯は、しっかりビショップ博物館の文書に記録された事実なんです。

さて、このカネイコカラが、どうやってビショップ博物館の改装工事を妨げたのでしょうか。事の顛末はこうです。

ビショップ博物館の工事では、もちろん様々な展示物が、一時的にほかの安全な場所に移されることになっていました。カネイコカラも同様です。ですが博物館スタッフも驚いたことに、カネイコカラは、なんとセメントで博物館の床にがっちり固定されていたのだそうです。

カネイコカラは魚の神の像と信じられているわけで、当然、大変尊いものです。それが100年前のこととはいえ、神像をセメントで床に固定してしまうとは。博物館らしくもない無神経な石像の扱いに、呆気にとられたスタッフも多かったといいます。

いずれにしろ人々は工事を前にセメントを崩してカネイコカラを掘り出そうとしたわけですが、驚いたことに、掘っても掘っても石像の底に突き当たらなかったとか。しかも石像自体が大変な重さで、どうしても石像を動かすことができなかったそうです。

掘っても掘っても…といっても、100年前に博物館の床に埋められたものなんですもの。現代の技術をもってすれば、石像を動かせないわけがないですよね。普通であれば。ところが実際、どこまで掘ってもキリがなく、スタッフは「このまま掘り続ければ、地球の果てに行き着いてしまうのではないか?」とまで思ったとか。「まさか!」と笑う方もいるかもしれませんが、くだんの博物館季刊誌には、そう記されております。

そして。「もしかして魚の神は、現在の場所から動きたくないのでは?」。そんな意見も出て、困り果ててしまった博物館スタッフ。長老などに相談し、その結果、ついに石像を移動することを断念。逆に、現在の場所でしっかり石像を保護して、改装工事を進めることにしたのだそうです。石像の意志が、現代のテクノロジーを負かしてしまったというわけですね。不思議ですが、紛れもなく本当の話。


もう1つ、会員誌の記事には、この石像に絡んだ日本人女性の逸話も紹介されていたので、ついでにご紹介しましょう。

1972年のこと。タケマスウサミさんという日本人女性が、ビショップ博物館を訪れました。タケマスさんのご主人は漁業従事者。漁船のオーナーだそうで、博物館の説明書きを見て、この石像に目を留めたタケマスさん。大漁を祈って、日本酒をお供えしていったのだそうです。

その後、ご主人の漁船には大変な大漁が続きました。そこでタケマスさんはそれから毎年5月、日本酒を持って石像を訪問。すると必ず、ご主人の漁船は前年よりも素晴らしい業績を達成したのだそうです。

ところで、皆さんは篠遠喜彦先生をご存知ですか？　ビショップ博物館に50年以上も在籍する篠遠先生は、ポリネシア人類学の世界的権威。ハワイと日本が誇る、偉大なポリネシア専門家です。…ある年のこと。篠遠先生が石像前でタケマスさんといろいろ話をしたついでに、聞いたそうです。「お供えの酒はどうすればよいですか？」。すると、「お供えの役割を果たした後の酒は、どうぞ飲んでください」とタケマスさん。そこでタケマスさんの酒は毎年、お供え後に篠遠先生のオフィスに届けられていたとか。もっとも7、8年前からタケマスさんのハワイ訪問は、ストップしている…とのことでしたが。

こういった話を聞くと、やはりカネイコカラは、神聖な魚の神様だったんだ、とつくづく納得。確かに発見の経緯からして、ずいぶんと不思議でしたものね。それを「なんだか不気味」なんて思っていた私。ずいぶん罪深かったなと、今、大反省しております。

そんなわけでビショップ博物館を訪れた際には、ぜひ皆さんにもゆっくりとカネイコカラをお参りしていただきたいと思います。特に漁業従事者の方には強くおすすめします！

豆知識
ビショップ博物館…P219

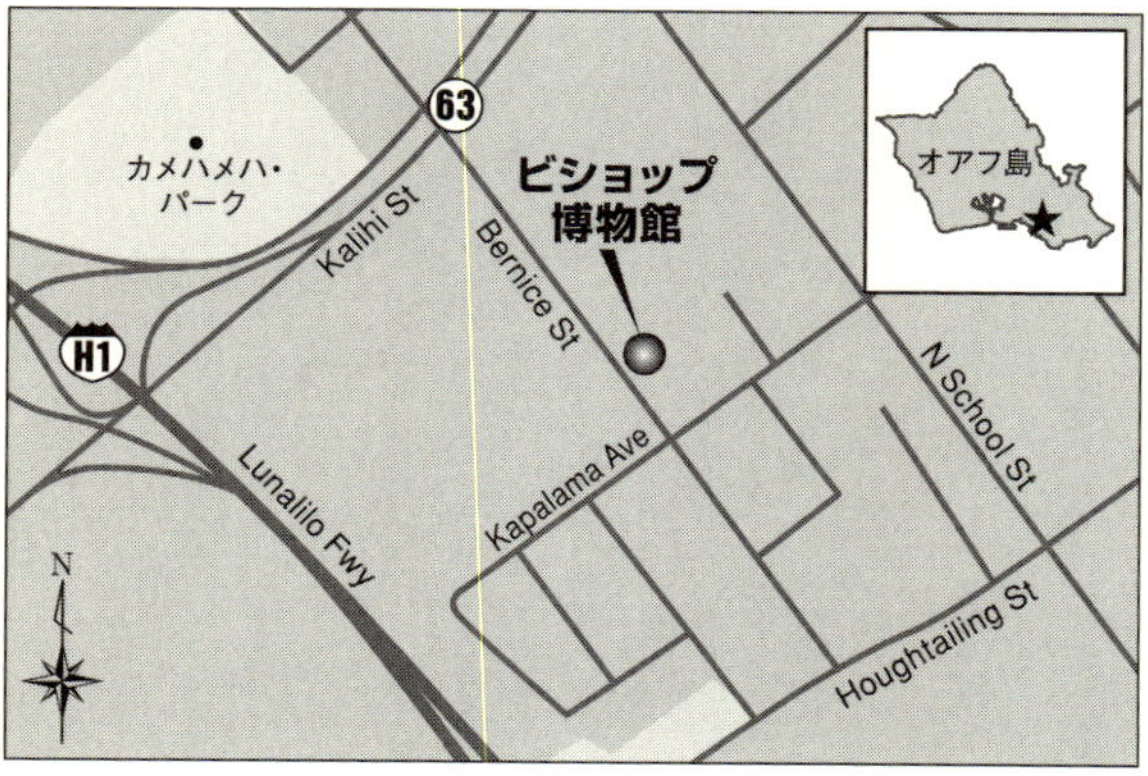

ワイキキから車で20分。市バスなら2番スクール&ミドル・ストリート行きで約30分。スクール・ストリートとN. カパラマ・アベニュー角近くで降り、徒歩5分。

第2章

18. ハワイアンにとってのベツレヘムの星

ハワイアンは自然の現象から吉凶を読み取るエキスパートだった

よい兆しであれ悪いものであれ、ハワイ語で兆しは、ホアイロナと呼ばれます。兆しというのは、たとえばベツレヘムの星のようなもの。そう、イエス・キリストの誕生直後に出現したベツレヘムの星は、この世に救世主が現れたことを示す印しでした。慶事の兆しだったわけですね。

ハワイアンは信心深い、つまりある意味、迷信深い民族なので、ハワイアンにとりホアイロナは大変重要な概念でした。それも、悪い兆しを見れば旅程を変更して家路につくほどに、ホアイロナを重要視していたそうです。

19世紀、カメハメハ4世の妃、エマ女王がハワイ島を訪れていた時。遠くの海のうえでおかしな光が踊るのを見て、エマは「どうぞ私が戻るまで待っていて」と祈りながら、ホノルルに飛んで帰ったとか。すると案の定、義妹のルース王女が、息を引き取ったばかりだったそうです。ハワイ文化の権威、故メアリー・プクイが紹介した逸話ですが、エマ女王の見た不思議な光は、なんらかの悪い兆しだったんですね。

人の死に関する兆しにはいろいろあり、たとえば古来ハワイではカフナ（祈祷師）にしか見えない、カネの星というのがあるそうです。この星は王の死の前兆。つまりベツレヘムの星とは正反対の星です。カネの星が現れると王にすぐ知らせが行き、王は慎重に警護され、なるべく家から出なかったということです。

また薬草治療のカフナが往診の途中で、両手を身体の後ろで組む男に出会ったら。カフナはそのまま家に帰ったそう。それは「患者を治すことができない」という印しだったからです。同様に虹が目の前に現れたら、これも「家に帰れ」のサイン。危険が迫っている、もしくは親しい人の死が近いというサインだとか。もっとも現れ方により、虹はよい兆しにも悪い兆しにもなったようですが。

妊娠中、母に現れた兆しにより、ベビーの将来が占われるということもよくありました。カメハメハ大王を妊娠中、母はなぜか獰猛な鮫の目玉を食べたがり、やはりというべきか。ハワイ史上最強の戦士？　カメハメハが誕生したのも有名な話です。

こういった話を、あまりに迷信的と考える方も多いことでしょう。ですが、最近こんな話も聞きました。著名クムフラ（フラの教師）、サニー・チングから聞いた話です。カラカウア王の時代から代々クムフラを輩出しているサニー一族。子ども達の中で、なぜかサニーさんだけが小さな頃からフラやハワイの歴史、文化も叩きこまれたとか。

10代に入り、「なぜ僕だけがこんなことを勉強しなきゃいけないのか」と不公平に感じたというサニーさん。

そんなサニーさんが後に聞かされたのは、サニーさんが生まれる前から「この子が跡継ぎになる」ということが、クムフラである祖母にはわかっていた、ということです。なんらかの印しが現れていたんですね。そしてその預言が正しかったのはもう証明済み。サニーさんは史上最年少でメリー・モナーク審査員に任命されるほど、クムフラとして大成功を収めているのですから。

このハワイ語でいうホアイロナ、ただの迷信、と切って捨てるには、何だか抵抗を感じてしまう私。案外、見える人にはたくさんのホアイロナが、この世で見えているのかもしれません。

豆知識

カフナ ⇣ P217
メネフネ ⇣ P219
クムフラ ⇣ P219

第2章

19. ハーブ・カネの不思議話

ハーブ・カネの作品が守られたのは、女神ペレの意向だったのか

皆さんはハーブ・カネという画家をご存知ですか？　残念なことに２０１１年３月に亡くなられましたが（享年82歳）、カネさんは古代ハワイをテーマにした絵画で広く知られ、神話や文化にもそれは造詣が深い方でした。そのため彼を評する時は一般に、画家そして歴史家としているほどです。

カネさんの描く古代ハワイアンは、髪型から身体の特徴、服装までそれは正確。おまけに森やビーチ、ヘイアウ（神殿）など、彼の描く昔のハワイの情景はとてもリアルで。

そんな詳細な描写ができるのも、カネさんがハワイの歴史と文化をディープに学んでいるからでしょう。たとえば、古代の双胴船を再現したハワイのホクレア号（２００９年に日本を訪問しています）。あのホクレア号も、カネさんのスケッチを元に造られたものです。カネさんはホクレアの建造にも関わり、実際に乗組員でもありました。私も個人的に、カネさんの大ファン。今持っているのはプリント類ですが、いつか彼の本物の作品を手に入れたいな、と夢見ています。

そんなカネさんが体験した興味深い不思議議話が、カネさんの著書「ペレ ゴッデス・オブ・ハワイズ・ボルケーノ（ハワイの火山の女神ペレ）」に記されていたので、以下、ご紹介しましょう。

1973年のこと。カネさんはハワイ島のキラウエア火山の裾野にあたるカウ地区で、とある壁画の制作にいそしんでいました。C・ブルーワー社がカウでリゾート開発をするにあたって歴史センターを造ることになり、センター内にカネさんの壁画が飾られることになったのです。

その地プナルウには、昔ハワイアンの村がありましたが、1868年の津波で破壊されてしまいました。ですがカネさんはその地が200年前にどんな様子だったかを想像し、黒砂のビーチが広がる村の風景を詳細に描くことにしました。藁葺きの小屋の下で作業する女性達やカヌーを修理する男、海を見つめる酋長やカフナ（祈祷師）などなど…。沖にはホクレアのようなカヌーが走り、その背後には大きなヘイアウまで見えています。

この絵の制作中は、何かと不思議なことがあったとのこと。カネさんの作業の様子を見に、人々が時折現場を訪れたりもしたそうですが、ある夜のことです。作業場に戻り、警備員に鍵を開けてもらいセンター内で絵を描いていたカネさん。ふと気付くと、後ろにハワイアンのおばあさんが立っていました。おばあさんはジッと絵を見ていました。こんばんわ、とカネさんが声をかけると、おばあさんはただ微笑みを返してくれたそうです。時計を見ると、夜11時でした。

それから2、3分後に振り向くと、おばあさんの姿は消えていたそう。さらに数分後、センターを出たカネさんは、警備員に聞いてみました。「今、ここに来ていたおばあさん、よく見る人かい？　なんだか純血のハワイアンのようだったけれど」。「おばあさん？」、と警備員は妙な顔をしています。「おばあさんなんて来ていないよ。僕はずっとここにいたけど、誰も来ていない。気は確かですか？」。

そこでカネさんは、ついさっきおばあさんを見た気がするけど、もしかしたらずっと早い時間だったのかもしれない。勘違いしていたのかな？　と考え、自分を納得させたそうです。

そして日々が過ぎ、絵の制作も終盤となったある日。カネさんが無心に筆を滑らせていると、人の話し声が聞こえてきました。気にしないで描き続けていたカネさんですが、そのうち、人々がハワイ語で話していることに気が付きました。それも、なんと話し声は壁画の中から聞こえてくるのでした。

そこでカネさんが驚いて顔を上げると、ビーチに立つ酋長の一団が、ガヤガヤと話し合っているではありませんか！

すると、壁画の左手でも動く気配があり…。そちらを見ると、（壁画中で）藁葺き屋根の下に座っている女性が、あわてて顔を横向きに戻すところでした。

カネさんは自分の目を疑い、「根を詰めて仕事をしすぎたかな…」と道具をしまいこみ、その日は家に帰ったそうです。仕事のしすぎで幻想でも見たかな？　とも思いつつ。でも僕は確かに見た…とも思いながら。

翌朝、カネさんはいつも通り作業場に出かけ、絵筆を広げましたが、見渡すと絵のどこにも手を入れる余地はありませんでした。そこで初めて絵がもう、完成していたことに気付いたのだそうです。

…なんとも不思議な話ですね。カネさんの再現した村の様子があまりにリアルだったので、きっと絵に魂が入ったのではないかと思います。深夜の作業場に現れたおばあさんも、津波が村を破壊する前にそこに住んでいたハワイアンなのかも。絵の中の住人が動き出すという話は、確か日本の怪談にもあったような気がしますが、どうだったでしょう。これはカネさんの気の迷いだったのでしょうか？　それとも？

この絵については、興味深い後日談がいくつもあるので、長くなりますがシェアさせてください。

まず、壁画が完成してから2年後の１９７５年のこと。この地がまたもや津波に襲われました。その際カネさんはハワイ島コナのキング・カメハメハホテルで、新たな作品に取りかかっていたそうです。と、ある早朝、Ｃ．ブルーワー社の責任者から電話があり、津波の被害についての一報があったとか。リゾート一帯が泥流に襲われ、カネさんの壁画が飾られた歴史センター、そして隣接するレストラン、キッチンの内部が滅茶苦茶になってしまったとの知らせでした。

「じゃあ、あの壁画は？」

カネさんが尋ねると、責任者は言いました。

「自分で見に来たほうがいい。おかしなことがあるんだ」

なんと。建物内部が泥流で破壊され、展示物や調度品が一方の壁に押し流され、壁には高さ約1メートルのところまで泥の線が付いているというのに。カネさんの壁画だけは無傷だというのです！　壁画は地面と接しているのに。

さっそくカネさんが歴史センターに駆けつけて確認すると、それは本当でした。不思議なことに壁画だけは全く泥がかかることなく、濡れることもなく、きれいなまま残っていたのでした。

こんなこと、常識では考えられないですよね？　壁画だけがなぜか泥流から守られていたわけで、やはり超人的な何かが作用したとしか考えられません。カネさんもあれこれ論理的な説明を試みましたが、どんな理屈もあてはまらず…。結局、誰かが言った「ここはカウの地だよ。女神ペレの御意思に決まってるじゃないか」という言葉に、頷くほかありませんでした。火山の噴火や地震を起こして津波を起こすのもペレ。それで何を破壊し何を守るか、決めるのもペレ…。ペレ信仰の強いハワイでは、こんなこともまんざらありえない話ではないと考えられるのですね。

結局、津波の被害があまりにもひどかったため、歴史センター＆レストランはそのまま閉鎖されてしまったそうです。

この話にも、さらに後日談がありまして（ここから先はハワイ島の新聞の報道によります）。カネさんのその素晴らしい壁画が、２００５年に盗難にあってしまったのです！

歴史センターは閉鎖されたものの、施錠されていなかったので、人々はまだ、壁画を見に訪れていたとか。カウに住む人々はよく、遠方からの客を連れて絵を見に来ていたようです。地元の人々にとってカネさんの壁画は誇り、宝物だったのでしょうね。

ところが２００５年5月のこと。無人の歴史センターから、壁画が盗まれているのが発覚しました。何者かが壁から絵をはぎとり、おそらくナイフで5つに分断して持ち去ったようです。壁画が盗まれるとはどういうことなのか？　と思うのですが、（私はアートに疎いのでわからないのですが）壁画といえども壁に直接描かれるわけではなく、キャンパスとか布地に絵が描かれていたわけです。それでこの壁画は7・2メートル×3メートルという大作なのですが、それを犯人はまんまと分断して盗んだのでした。

カネさんは報道の中でインタビューに答え、もう怒り心頭という感じで語っていました。

「優しい言い方をすると、僕は怒っている、ということだ」

「感想だって？　新聞に載せていいような言葉じゃ言えやしないよ」

そこでカネさんは「仕返し」の手段として、この絵をもう一度描き直すことにしました。新しい壁画は2007年5月に完成。もちろん新壁画は元の場所には戻されず、隣町パハラにあるＰ・Ｔ・Ｃａｆｅという店に飾られているそうです。そして新たなインタビュー記事の中で、

「こっちに比べたら、緻密さにおいて、泥棒が今も持っている古い方の絵は単なるスケッチ程度のものだね」と言い放ち、清々とした気分でいるらしきカネさん。カネさんって負けん気が強く、しかも可愛らしい方ですね！

そんなわけで、皆さんがもしパハラ近郊に出かけたら。ぜひカネさんの作品を見に出かけてみてください。私もぜひ見てみたいです。その緻密な壁画を。

ちなみに。2005年の盗難の犯人はまだ見つかっていません。

豆知識

女神ペレ⋯Ｐ216
ヘイアウ⋯Ｐ217
カフナ⋯Ｐ217

第2章

20. 半神半人カマプアアの邪恋

白砂の続くマラエカハナビーチ。いつ訪れても人の姿はまばらだ

カマプアアといえば、ハワイ神話上の半神半人。第1章の「ハワイの豚の神って?」の項でも書いたとおり、イノシシの化身でもあるカマプアアは、時にはハンサムな酋長として、またある時は猪や魚のフムフムヌクヌクアプアアとして、人々の前に姿を現す…とハワイでは信じられています。

今回ご紹介するのは、オアフ島在住のあるクムフラ（フラの教師）が経験した、カマプアア絡みの奇妙な話。これを読んで、そんなバカな…と思う方も多いでしょうが、これは当のクムフラから、直接聞いたお話です。

マラエカハナといえば、オアフ島ノースショアにある美しい白砂のビーチ。ある日クムフラ（ここではNさんと呼びましょう）がマラエカハナを散歩していた時。幅10センチほどの石に躓きました。その石は、犬の横顔のような形をしていました。一緒にいたハワイアンのクプナ（年輩者）は、その石を見て言ったそうです。

「これはカマプアアよ」

よく見ると、石には鼻や牙もあり、カマプアアの横顔によく似ていました。そこで興味をひかれたＮさんは石をポケットに入れ、ヌウアヌの自宅に持ち帰ったのでした。

ところがその夜から、Ｎさんは体調をひどく崩してしまいました。なぜか気分が悪くなり、ゾクゾクと悪寒まで。夜もあまり眠れなくなってしまったとか。ところが、フと気が付いてカマプアア似の石を手にすると、スッと気分が晴れるのでした。そこでその夜ポケットに石を入れて眠ったところ、Ｎさんは久しぶりにぐっすり眠れたそうです。

数日後のことです。Ｎさんは、おなかにひっかき傷のようなものがたくさん付いているのに気づきました。それは、まるで鋭い歯の痕のよう…。そう、牙で引っかかれた痕のように見えたんですね。

怖くなったＮさんが、マラエカハナのビーチで一緒だったクプナにひっかき傷を見せると、彼女は心配そうに言いました。

「カマプアアがあなたに恋している。セクシャルな関係を持とうとしているのかもしれないわ」

Ｎさんは人妻です。カマプアアに好かれても困ってしまうわけで。しかもクプナがこう警告したから大変！

「このままだと嫉妬したカマプアアが、あなたの旦那に危害を与えるかも…」

恐ろしくなったＮさんは石を返しに、翌日マラエカハナに戻ることにしました。Ｎさんはクプナと一緒にお祈りを唱え、石に語りかけました。

「あなたをどう正しく扱えばいいのか、私にはわかりません。どうぞ海に帰ってください。ごめんなさい」

その時、Nさんはひどく泣いてしまったそうです。そして石と、鼻と鼻をくっつけるハワイ式のキスを交わし、石を海に投げ入れました。

と、次の瞬間。Nさんは後ろから声をかけられました。「ヘイ！　一緒に波に乗らないか？」。見ると、背が高くてダークな肌を持った、素晴らしくハンサムなハワイアン青年がそこに立っていました。快諾して青年とともに海に入り、よい波がきたので一緒に波に乗ったNさん。ハワイアンの好きなボディサーフィンですね。

Nさんは波に乗ってビーチまで戻り、海から上がったのですが…。不思議なことに、ハンサムなハワイアン青年の姿が見えません。海にもビーチにも、Nさんとクプナ以外は、誰もいないのでした。

いったい、あのハワイアン青年はどこに行ってしまったのでしょうか？　…Nさんは話の最後に言いました。

「あれはきっと、カマプアアだったのだと思う。最後のお別れに、人間の姿になって出てきたのじゃないかしら」

そうでした。カマプアアは、ハンサムな酋長としても、この世に現れるのですものね。

この話を、人によっては、あまりに荒唐無稽に感じるかもしれません。でも私は、Nさんの話に妙に納得してしまいました。Nさんに残った得体の知れない傷跡といい、石を手放したとたんに現れた、超ハンサムなハワイアン青年といい…。ちなみにカマプアア伝説の本拠地、セイクリッド・フォールズは、このマラエカハナ・ビーチから車で20分ほどの距離にあります。

カマプアアは今でも時にこうして人前に姿を現し、美しい人間の女性に恋をすることがあるのかもしれませんね。

豆知識

クムフラ⋯P219

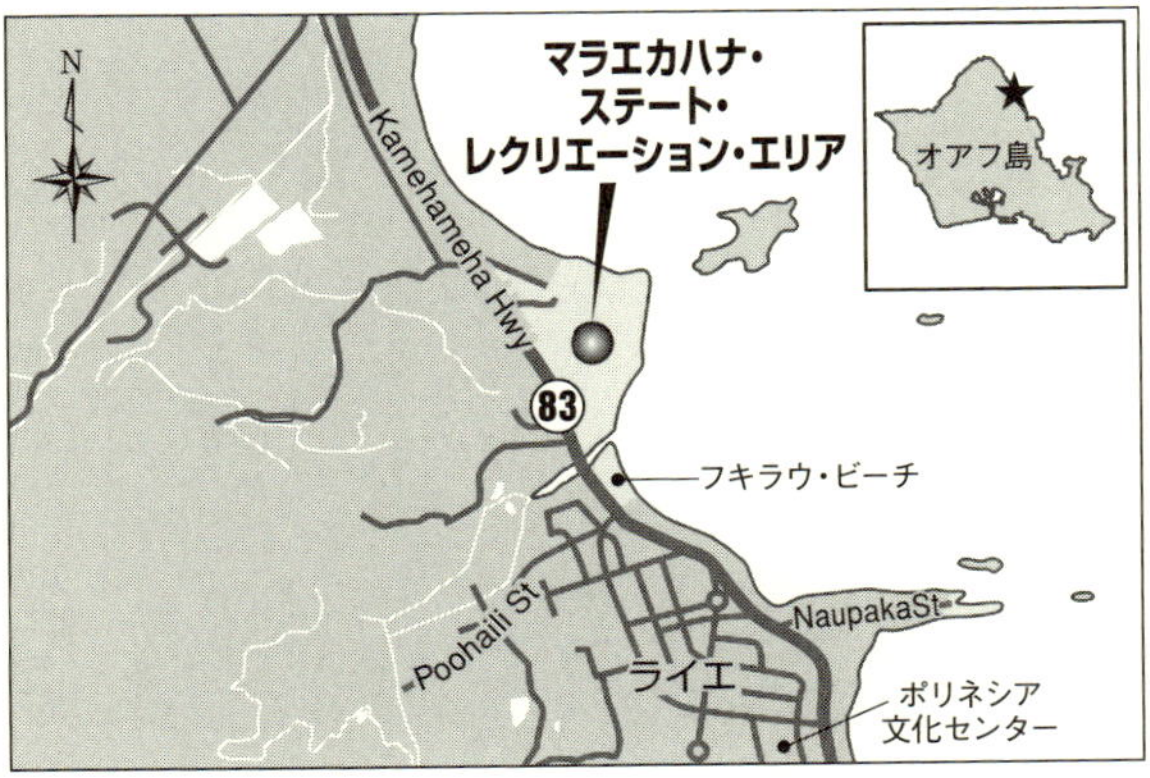

ホノルルからリケリケ・ハイウェイ経由でカメハメハ・ハイウェイへ。ポリネシア文化センター近くにマラエカハナ・ステート・レクリエーション・エリア（マラエカハナビーチ）がある。車で約1時間。

第2章

21. ハワイアンとへその緒の関係

ハワイ島キラウエアのプウロア遺跡にも無数のへその緒が埋まっている

ハワイ語で「へそ」はピコ。ハワイ文化の中で、ピコは霊的に大変重要な意味を持ち、古代ハワイアンは赤ちゃんが生まれると、必ずヘソの緒を特別な場所に埋めたそうです。というのもハワイアンは「ヘソの緒の行く末が赤ちゃんの未来に反映される」と考えていたため。もし動物に食べられでもしたら一大事なので、親は万全を尽くして、ヘソの緒を安全な場所に隠したのでした。

そこでハワイアンは、時にははるばる溶岩平原にまでヘソの緒を埋めに行ったりもしたよう。古代ハワイの絵文字、ペトログリフの遺跡を見たことがある方はご存知だと思うのですが、たとえばハワイ島のとある遺跡では、一面に2重丸、3重丸が彫られています。これらの円は、昔ハワイアンが赤ちゃんのヘソの緒を埋めたその上に、彫られたものなのだそうです。

そんな理由から古代ハワイアンは、子どもが生涯守られることを祈り、聖地にも好んでヘソの緒を隠しました。それが高じてイギリスのクック船長がハワイを訪れた際、母親達はなんとクックの船にヘソの緒を隠した…というウソのような話まで残っています。

クックを当初、平和と豊穣の神ロノの再来であると勘違いしたハワイアン。その誤解が後に、クックの悲劇的な死につながることになったのですが、ともかくクックの船を、ハワイの女性は神の家と思いこんだわけですね。そして大切なヘソの緒を神の家で無事保護してもらおうと、船の中に隠したようです。もっとも船の中だなんて、それこそ一番ネズミに狙われそうな場所なのですが。

ヘソはさらに古代ハワイアンにとって、自分と母親の絆をも越え、自分と先祖を結ぶ血縁の象徴でもありました。ハワイ文化の権威、故メアリー・カヴェナ・プクイは、次のように言っています。

「西洋では『ヘソの緒を断つ』というと、専制的な母親が逃れて自由な身になる、という意味がある。しかしハワイでは、一族からの絶縁を意味する」。

家族意識が強い古代ハワイでは、よほどのことがない限り、個人が一族から見放されるようなことはなかったようです。でも血縁が絶たれるような重大な事態が生じた場合、それは「ヘソの緒を断つ」という言い方で表現されたとか。ハワイでのヘソの重要性が、しっかり伝わってくる表現ですね。

ヘソはまた現代ハワイで、最も重要な聖地を意味する比喩としても使われることがあります。よく聞くのは、「〇〇は地球のヘソだ」といった表現。霊的な意味合いなのか、はたまた地理的な表現なのか。それは不明ですが、たとえばオアフ島ワヒアワにあるクーカニロコ（古代の王族女性がその上で出産したという岩バースストーンのある遺跡）や、マウナケア山頂にある湖を、地球のヘソである、と主張するハワイアンがいるのは事実。

日本人をはじめ各民族で重要な意味を持つヘソは、古代ハワイでもまた、格別&霊的な重要性を持っていた…というわけですね。

豆知識

ロノ（ハワイの4大神）⇣P216
ペトログリフ⇣P219

第2章

22. ハワイでも暗躍した呪術師

カフナに呪い殺されたとの噂が残るリケリケ王女

これまで繰り返し、カフナという言葉を使ってきました。カフナとは一般に、古代ハワイの祈祷師を指す言葉です。ところが一言でカフナといっても、祭事を司るカフナ、天気を予報するカフナ、医療に従事するカフナなど、その種類は様々。第3章の「ポカイベイの神殿」でもふれているように、カフナとは、それぞれの分野に長けた専門職の人々と言えるでしょう。

医療に従事するカフナも、薬草治療のカフナ、助産婦のように出産を担当するカフナなど細かく分類されていました。そして中には黒魔術を使って人を呪い殺す、呪術師としてのカフナまで！

有名なのはカフナ・アナアナ。まずは標的とする人の髪や爪、肌に直接ふれた衣類などを入手します。古代ハワイの信条では、それらに持ち主のマナ（霊気、霊力）がこもっているとされていたからです。そのため、それらを手にしたカフナは持ち主のマナをコントロールできる、つまり持ち主をコントロールすることができるとされ、時には相手を「呪い殺す」ことすら可能だったのだそうです。

カフナ・ホオピオピオというカフナも怖かったよう。対象者をジッと見つめながら自分の頭をかくと、対象者がひどい頭痛に襲われる…といった、実に恐ろしい黒魔術を使ったのがこのカフナ。さらには、カフナ・ホオマナマナ。このカフナは自分の殺意を火の玉に込めて人に送り、相手を殺害するパワーを持っていました。この火の玉はアクアレレ、その名も「空飛ぶ神」と呼ばれ、恐れられていたそうです。

ここまで読んで、「何をくだらないことを」なんて感じた方も多いのではないでしょうか？　特に火の玉のくだり。…無理もありません。黒魔術だの呪いだのって、現代社会ではＢ級映画の世界ですものね。

でも。ハワイではずいぶん遅い時代まで、カフナの呪いというのは結構ホットなトピックスでした。たとえば１８６８年に制定されたハワイ王国の保健条例では、ハワイアン医療従事者（つまりカフナ）につき、次のように定めています。

「ハワイアン医療従事者については、３人のメンバーで構成する評議委員会によって、善良な性格であるか、治療の記録を書き残しているかどうかを吟味すること」

そして。問題の箇所がここです。

「いかなる医療従事者も、アナアナ、もしくはホオピオピオ、ホオマナマナを行ったことが明らかになれば、免許を剥奪する」

れっきとしたハワイの条例の中でもアナアナ、ホオピオピオ、ホオマナマナという各種？の黒魔術が明記され、禁止されているのです。これはひとえに、当時のハワイで黒魔術は、けっしてファンタジーの世界に限ったことではなかったことを示していると思います。

事実、ハワイ王国のカラカウア王の妹、リケリケ王女は、カフナの呪いによって殺されたと、今も信じる人が多いのです。カフナ・アナアナか、ホオピオピオか、はたまたホオマナマナか…。そこまでは定かではありませんが、カフナが呪い殺したというのがもっぱらの噂。

また私がカワイアハオ教会で知り合い、お世話になった老齢のＤ氏。Ｄ氏が以前、「モロカイ島ではアクアレレをよく見た」とはっきり言っていたのもよく覚えています（Ｄ氏はモロカイ島の出身。モロカイ島は大昔、強力なカフナが多く住むことで有名でした）。Ｄ氏によれば、アクアレレを見たらすぐ、汚い罵り言葉とともに「送り主に帰れ！」と命じなければいけないとか。そうすると呪いは逆にアクアレレの送り主にかかり、カフナ本人が命を落とすこともあったそうです。

…それにしても、今もこんなカフナ話が囁かれるハワイって。やはりマジカルな土地ですね！

豆知識
カフナ…P217
マナ…P217

第2章

23. 呪われたフリーウェイ

はたしてH-3フリーウェイは神を冒瀆しているのか？

オアフ島真珠湾からカネオヘまでを結ぶ、H－3フリーウェイ。山を切り開いて造っただけに、まさに緑の山中を走る風光明媚な高速道路です。ところが。このH－3フリーウェイは、何かと怖い話が囁かれる、評判のフリーウェイでもあります。

H－3フリーウェイが完成したのは1997年12月。全長わずか24キロですが、34年もの建設期間と、13億ドルもの費用をかけて完成しました。ハワイで建築物の完成が遅れるのはよくあることなのですが、このH－3フリーウェイに関しては、特に完成が遅れに遅れ…。その理由は多々ありますが、建築中に事故がたびたび起こったのも、遅延の理由の1つでした。

それも、ちょっとやそっとの事故ではありません。死亡事故も2度起きているうえ、開通前年の1996年には、なんと橋げたが倒壊。そのため、ほぼ完成していたフリーウェイが、30メートル以上にわたって崩れ落ちるという緊急事態に発展しました。

これが江戸時代に吊り橋を造っていた…というのならわかるのですが、現代アメリカのテクノロジーを集結し、コンクリートの高速道路を造っていたわけですよね。橋げたが倒れるなんてこと、普通はありえないのでは？　しかも原因もはっきり判明しなかったので、この時には「祟りだ」「神の怒りだ」という言葉が、巷で囁かれたのでした。

というのも。そもそもH－3フリーウェイはハワイ神話上の聖地とされるハラヴァ渓谷を貫いており、計画当初から抗議運動が起こるなど、いわくつきのフリーウェイだったからです。ビショップ博物館の調べによればハラヴァ渓谷には68ものヘイアウ（神殿）の跡が残っているそう。渓谷はハワイ神話の大地の女神パパの信仰の拠点だそうで、そのため、1度ルートが変更になったこともあるほどなのです。

そんなこんなで、続出した事故に関しては祟り、という言葉が囁かれたわけですが…。ほかにも建設中、トンネルに幽霊が出たとか、無人のブルドーザーが急に倒れたとか、ダイナマイトが暴発した等々、いろいろあったようで、何度かお祓いも行われています。

そしてH－3フリーウェイはいよいよ、1997年12月に開通。完成が遅れ、しかも1キロにつき540万ドルという膨大な金がかかりましたが、いったん開通した後は、走りやすい、眺めのよい高速道路として好評な様子。関係者各位、さぞかしホッとしていることでしょう。

私も何度か走ってみましたが、道路には緑の木々が間近に迫り、とても気持ちのいいルートでした。ただし道路を下から眺めると、緑深い渓谷を巨大なコンクリートの建造物が横切っており、その様はやはり奇異。ましてや一帯は神話上の聖地なわけで、信心深いハワイアンが怒り狂うのも、ちょっとわかる気がしました。

あなたは、どう思いますか?

豆知識

ヘイアウ⋯P217
ビショップ博物館⋯P219

第2章

24. ハワイの森は怖い

ハワイの森に足を踏み入れる時は、まずお祈りを

夫の大学時代の話なのですが、友人グループがある夏、モロカイ島にハイキング旅行に出かけることになりました。それは鬱蒼とした森でキャンプしながらハイキングするという、冒険気分の旅だったそうです。ほとんどのメンバーがハワイ出身でしたが、その中に1人、カリフォルニア出身のS君が混じっていました。

旅行前、そのS君に、あるハワイアンの級友が忠告しました。

「モロカイにハイキングに行くんだって？　楽しそうだね。でも気をつけろよ。自然に入る時は自然を敬う心を持たないと。ハワイでは森や山には神々が住むとされていて、地元のハワイアンが神聖視する場所も多いんだ。敬意を持って森に入るんだぞ」

それを聞いたカリフォルニア出身、つまり

典型的なアメリカ人であるS君は、大笑いして答えました。

「森に神々が潜む？　森は聖地だって？　そんな迷信じみた話、今時誰が信じる？　そんなナンセンスな話、大学生がするべきじゃない」

級友のアドバイスを笑いとばして、S君はモロカイ島へと出かけたのでした。

ところが。S君とその級友が、再び顔を合わせることはありませんでした。なぜならS君は、モロカイの森で事故死してしまったからです。

…それはとても不運な出来事でした。ある日森の中を歩いていたS君ら一行。森の中の電柱がなぜか倒れており、S君は、地面に横たわっていた電線を踏んで感電死してしまったのです。友人も一緒に歩いていたというのに。なぜか、S君だけが電線を踏んでしまったのでした。

奇々怪々というか、普通ではまず考えられない不自然な事故ですよね？　いったいこの世で何人の人が、電線を踏んで感電死したでしょうか。

その不可思議な状況を考えると、大学の友人達がこう噂しあったのも、仕方がないことだったかもしれません。

「S君はハワイの自然に敬意を示さなかったから、罰が当たったんだよ」

亡くなった人にこんなことを言うのは意地悪ですが、その噂にも一理あるな、という気がしてしまいます。

そう言えば、以前、こんなこともありました。純血のハワイアンであるおばあさんと話していた時のこと。何かの拍子に、おばあさんが言いました。

「森に入る時、私はいつも森に入る許しを求めるお祈りをするの。自分を守ってくれるよう、先祖にお願いするお祈りと一緒にね。子供の頃、薬草を摘みに森に入って、よく怖い思いをしたものだから。何かの霊が後ろから迫ってきて、身体をつかまれるような感じが何度もしたのよ」

また、ある山にハイキングに出かけた時のこと。トレイルの入口で手をつないで輪を作り、お祈りをしているハワイアン一家を見かけました。あの人達もまた、森に入る許可や、守護を求めてお祈りしていたのだと思います。ハワイの森は怖い…というか聖地なのですから、畏敬の念を示さなければいけないですよね。

こんな話、S君のように「全くの迷信だ」と感じる人も多いでしょう。でも、日本人だってハワイアン同様に、昔から自然を崇拝してきた民族。「自然をなめてはいけない」という感覚、私は何となくわかるような気がします。

第2章

25. 死を恐れたハワイアン

夜の凧揚げもあや取りも嫌がられたのにはワケがある

古代ハワイアンは信心深い民族でした。神や先祖を崇める信仰心がそれはそれは強かったよう。ですがそういった信仰心と死への恐怖は、全く別ものだったようです！　ハワイアンは死という言葉を直接口にできないほど死の影を恐れ、代わりにモエ（眠る）という言葉で表わすことが多かったのでした。

たとえば死を遠回しに表現する言い回しとして、「夏も冬も眠る」「地中で眠る」などという言い方があり、現在も使われています。日本風にいうと「永眠する」という感じでしょうか。よっぽど、死という言葉を口にしたくなかったのでしょう。

また同様の理由から、死を彷彿とさせる遊びはしないという迷信、タブーがいろいろありました。ハワイ文化の権威だった故メアリー・カヴェナ・プクイ女史によれば、子どもがよくやる「死んだふり」はタブー。また夜の隠れんぼもダメ（2度と見つからないかもしれないから）。そのほかにも、以下のようなタブーや迷信があったそうです。

○いかなる地面の穴も不吉なものと信じられていたので、見つけたら即、埋めてしまう。地上の穴は、墓穴を思い起こさせる…というのがその理由（だから今でも飼い犬が庭に穴を掘ったりすると、嫌がって埋めるハワイアンがいるそうです）。

○子どもの大好きなあや取りも、夜は禁止。紐で様々な形を作っていく手の指の動きが、死にかけた人間の指の動きに似ているから…というのがその理由。

○凧揚げも夜はダメ。夜間には死神が凧ごと、子どもを捕まえてさらっていくかもしれないので。

○夜間に釘を打つのはNG。釘打ちは棺桶作りを彷彿させるから、というのがその理由。昔ハワイアンは翌朝の葬式に備え、いつも夜、棺桶を作ったのだそうです。

○犬が遠吠えするのは、誰かが死ぬ、または死にかけているという前兆。

○海で泳いでいて急に花の芳しい香りを感じるなど、妙な場所で妙な香りを感じたら。死やきわめて危険な事故に巻き込まれるという警告。

いかがですか？　これらを読むだけでも、ハワイアンにとっての死の重みというか、死への恐怖がふつふつと感じられてきますね。それだけ先史時代の生活が、死と隣り合わせだった、ということなのかもしれません。

こういったハワイアンの信条を馬鹿らしいとか、そんなのは迷信だ、と一笑に付す人も多いかもしれませんが、ハワイで暮らす私としては、やはりこういったタブーを尊重したくなります。そういえばハワイアンの亡き義母も、こういったタブーをずいぶん気にする人でした。実際夫が小さい頃、夕暮れ後に兄弟で隠れんぼをしていると、母親にひどく叱られたそう。

これからは私も、夜間の隠れんぼを子ども達に禁じようと思います。

第2章

26. 魂と睡眠のハワイアン的関係

居眠り癖のある人にはティーリーフが役に立つ？

大変スピリチュアルな民族であるハワイアン。夢に関しても、古来、とてもユニークな解釈を持っていました。1つは、「夢は先祖や神とのコミュニケーションの場である」という解釈。あの世からのメッセージを受け取る場が、夢の世界であるとされていたわけですね。まあこの解釈は、万国共通のものかもしれません。

でももう1つ、さらにユニークなのがこれ。「夢は幽体離脱した魂の記憶である」というものです。古代ハワイでは、人は睡眠中に魂が身体を離れると考えられていました。そして魂が身体に戻ってきた瞬間に目覚め、魂の見聞きした体験が夢として認識される、とも信じられていたんですね。

面白いのは、昼間起きているべき時間にウトウトする人がいたら、その人は「さ迷える魂」の持ち主とされていたこと。本人の意図に関わりなく魂がフラフラと抜け出てしまうので、昼間から居眠りを繰り返してしまうと信じられていたのだそうです（こういう人、身近にいませんか?）。そこで魂が大人しく身体に留まっているよう、ティーリーフの葉やハワイアンソルト入りの水を使って御祓いを行ったりもしたとか。

魂がふらふら家出を繰り返すくらいならまだいいのですが、恐ろしいのは、たまに身体に戻って来れなくなる魂がいること。それはすなわち、死を意味するからです。

さらにはカフナ（祈祷師）の中にポイ・ウハネと呼ばれる種のカフナがおり、その仕事はドリーム・キャッチャーならぬ魂のキャッチャー。善良なカフナ・ポイ・ウハネは死んだ人の魂を捕まえ、うまく身体に戻してくれて死んだ人が蘇生できるのですが、その逆のカフナもいたようです。つまり本人が睡眠中に漂っている魂を捕まえ、連れ去ってしまうという、まるで死神のような恐ろしいカフナでした。

嘘か真か、こんな話も。昔は悪名高いカフナ・ポイ・ウハネが村の近くにいるという情報が入ると、皆、慌てて眠っている人を叩き起こしたのだそうです。…それではうっかり、昼寝もできたものじゃありませんね。

この「睡眠中に人は幽体離脱する」という信条は、現代ハワイでも信じる人がいるようで、以前あるクムフラ（フラの教師）がこんなことを言っていました。彼女が仕事で日本を訪れていた時のこと。ひどく具合が悪くなり、ベッドから起き上がることもできなくなったそうです。

「その日、イースター島で大きなお祭りがあってね。どうしても見に行きたかったので、身体を抜け出して見に行ったの。ところがそれっきり、身体に戻れなくなってしまったのよ」

正直、数年前にこの話を聞いた時、私の頭の中は真っ白になりました。とても素直に信じられる話ではありませんよね。…ですが古来ハワイにはそういった信条があると知った今では、妙に納得。クムフラの魂がその後無事に戻れてよかった！　さもなくば、その女性はそのままあの世行きだったかもしれません。

そんなわけで、会議中や授業中に、居眠りばかりしている人がいたら、ご注意。もしかしたらその人は、家出癖のある魂の持ち主なのかもしれません。

豆知識

カフナ…P217
ティーリーフ…P218
クムフラ…P219

第2章

27. レストラン・ロウの怪

近代的な高層ビルに囁かれる奇談・怪談とは

アラモアナ寄りのダウンタウンの端に、レストラン・ロウというレストラン街があります。日本食やパシフィック・リム、エスニック料理のレストランなどが入った、ローカルにも人気のスポットがここ。ハワイ・フリークの皆さんなら、一度は足を伸ばしたことがある場所かもしれませんね。

レストラン・ロウには2棟の高層タワーも建っており、オフィスや住居として使われています。高級感溢れる近代的な高層ビルなのですが、意外なことに、これらのタワーは有名なゴースト出没地なのです。

何でも、以前ここは墓地だったそう。1800年代にハワイで天然痘が大流行した時の犠牲者が葬られた、古い墓地でした。レストラン・ロウの建設に伴い、遺体は丁寧にほかの場所に移されたのですが、中には爪の伸びた遺体、つまり生きながら埋められたらしき遺体もあったとか。

そんな経緯のためなのでしょうか。「レストラン・ロウのタワーでハワイアンの幽霊を見た」なんて話をよく聞くのです。有名なのは、エレベーターにハワイアンの男女3人が一緒に乗っていて、振り向くと消えていたというもの。3人の足がなかった、なんて話も聞いたことがあります。

こういった怪談を信じる、信じないは、もちろんその人の自由。私自身、レストラン・ロウで怖い思いをしたことはないので、なんとも言えません。

ただ、1度だけ「妙だな」と思ったことがあります。約15年前のこと。レストラン・ロウのタワーの窓拭きを請け負っていた職人が、転落死した事件がありました。

事件はある深夜に発生しました。高層タワーなので、窓拭きのプロたちも昼間はしっかり命綱やゴンドラを取りつけ、作業に励んでいたのは当然です。ところが。ある夜仕事を終え、どこかで一杯やっていた職人さん達。なぜか仕事場に舞い戻り、タワーの屋上から垂れていた命綱を伝って降りる競走を始めたのです。

それは大変風が強い夜でした。しかも高層階ともなれば、さらなる強風が吹き荒れていたのは想像に難くありません。とてもロープにぶら下がっていられる状況ではなく…2人の職人さんは落下して、そのまま亡くなってしまったのでした。

いくら酔っていたとはいえ、高層ビルの危険を熟知しているプロの人達が、こんな馬鹿な真似をするなんて、常識では考えられませんよね。職人達は霊にたぶらかされたのだろうとか、霊に呼ばれたのだろうとか、1人で勝手な想像をして、その時怖くなったのを覚えています。

アラモアナ・ブルバードと
サウス・ストリートの角。
ワイキキからは市バス19
番、20番、42番で約30分。
アラモアナセンターから
なら約15分。

第2章

28. 義弟が「天国」で見たもの

奇跡的に義弟の命を救ってくれたクアキニ病院

これはハワイ的な不思議話というより、思いきり私的な話で恐縮なのですが…昨年11月、義理の弟が生死の境をさ迷い、きわどいところで一命を取りとめるという出来事がありました。まだ40代半ばだというのに心臓発作を起こし、病院に運ばれた時には、恐ろしいことに義弟の心臓は止まっていたのです。それが救急ドクターの必死の努力でなんとか息を吹き返し…。その後も、なんと一晩に電気ショックを30回以上受けて、命を助けていただいたのでした。

一時は家族が病室に呼び集められ、お別れをしたほどきわどい事態だったのですが、なんという奇跡でしょう！　素晴らしいドクターの揃ったヌウアヌのクアキニ病院には本当に感謝しています。義弟がクアキニ病院から徒歩5分のところにたまたま住んでいたのも、信じられないほど幸運でした。

前書きが長くなってしまいましたが、これはその時、義弟が経験した臨死体験のあらましです。

義弟は電気ショックの連続で何とか生還しましたが、その後2日間は昏睡状態でした。ようやく義弟が目を覚ました時の嬉しさといったら！　しかも心身ともに後遺症が全くなかったのも、素晴らしいニュースでした。

義弟はしばらく口がきけない状態だったのですが、話し始めたと思ったら、妙なことが続々。たとえば、急に上手なハワイ語を話し始めたことなど。

義弟はハワイ大学でハワイ語をかじった程度で、ハワイ語ペラペラとはほど遠い状態でした。それなのに。第3章の「ハワイアンが英語を学んだわけ」でも触れている、ハワイ語教育の学校に通う夫の姪っ子がお見舞いに訪れると（それは平日の朝でした）、義弟が流暢なハワイ語で言ったというのです。

「今日、学校はどうしたの？」

また弟は、目を覚ました後に言いました。

「今までずっとメリーと一緒にいたよ」

それを聞いて、いったいメリーって誰？　と、家族の頭にはクエスチョンマークが浮かびました。家族にも周囲の友人にも、メリーという名に思いあたる節がなかったので。でも義弟は、メリーという女の子とずっと一緒だったと言い張るのです。

その時もしかして…と口を開いたのが、夫の姉でした。母親の姉に、メリーという人がいた、と。でもそのメリーは赤ちゃん時代に亡くなっていて、その存在を知る人は少ないのです。母親でさえ、自分に姉がいたことをずっと知らなかったと言っていたそうです。夫の姉は、ある時家系図を見て、初めてメリーの存在を知ったのでした。何せメリーは、80年以上前に亡くなっているのですから…。

義弟が生死の間をさまよっていた時に一緒にいてくれたのは、そのメリーちゃんなのでしょうか？　もしかしたら義弟は眠り続けている間、あの世でメリーをはじめご先祖様と一緒に過ごし、ハワイ語で会話をしていたのかも…。夫と2人、そんなことを考えました。

またその時の病室には、夫の姪っ子のほかに、牧師的な仕事している夫の従兄弟がいました（前著「ミステリアスハワイ」に不思議なハワイアン従兄弟として登場した男性です）。従兄弟は義弟を見て言いました。

「身体はここにあるけれど、心はまだ半分あの世に残っている。気をつけなければいけないよ」

実際、そうだったのでしょうね。

そんな義弟の容態もその後安定し、数週間の入院生活を経て退院しました。少しずつ、昏々と眠り続けていた時の話をしてくれたのですが、それがやはり不思議話の連続なのです。たとえば。主人の母親は約6年前に、そして兄は2年前に亡くなっているのですが、義弟はこんなことを言うのです。

「ずっと夢を見ていたよ。母さんと兄さんと一緒に船旅をしている夢を」

死者と一緒に船旅。…この世とあの世の間を、旅していたのでしょうか？　ほかの時にはまた、馬車に乗って旅していたとも言っていました。

「でも兄さんが言うんだ。まだ僕の往く時は来ていない、戻れ、戻れってね」

義母もまた、「あなたは心臓に機械をつけて生きるのよ」と言ったそうなのです。実際その通り、義弟は今、心臓にペースメーカーをつけて、元気に生活しています。

そういえば。後から考えると、目を覚ましたばかりの頃、義弟は何度もお見舞いに行く家族に聞いていたのです。母さんと兄さんはどうしてる？　と。なぜ会いに来てくれないのかと訝しく思ったようで…。そう聞かれるたびに周りは困惑。母親も兄も死んだでしょう？　と答えたのですが、そのたびに義弟は「えっ！」ともものすごく動揺したのでした。

その頃はまだドクターから、義弟を興奮させてはいけないとのお達しが出ていました。なので、周りも「何を寝ぼけたことを言っているの？　お母さんもお兄さんもとっくに死んだでしょう？」と言えるわけはなく…。でも義弟としては、ついこの間まで一緒にいた母や兄が、まさかこの世にいないなんて思えなかったのでしょう。

それにしても。お母さんもお兄さんも、あの世から義弟を送り戻してくれて本当によかった！　きっと、「また逢う日まで、さようならァ」と、天国から優しく送りだしてくれたのでしょうね。ＭＡＨＡＬＯ！

第2章

29. 美女アリアナに何が起こったか

絶世の美女ゆえに不運な出来事に遭遇した？　アリアナ

絶世の美女にしてフラ・ダンサーのアリアナ・セイユ。2009年度ミス・ハワイであり、フラ競技会の最高峰メリー・モナークのミス・アロハ・フラ部門でも、2007年には2位、2008年には4位になった女性です。メリー・モナークでも、幸か不幸か「フラの良さよりも美貌の方が目立ってしまう」と言われたほどの美女であり、その美貌のゆえか？　2008年のメリー・モナークでは、とんだ災難にも見舞われています。以下、アリアナからお許しを得て、そのミステリアスな逸話を紹介しましょう。

ミス・アロハ・フラ部門に再挑戦した2008年のことです。フラのレッスンに励むのはもとより、体調も万全に整えて大舞台に備えたはずのアリアナですが、本番の日の朝5時。急にひどい吐き気に襲われたそうです。

その後いっこうに吐き気は治まらず、ついに病院の緊急治療室に担ぎ込まれた彼女。ですが治療室は、おりしもキラウエア火山が活発に噴火中だったため、噴煙にやられた人々でいっぱい！　アリアナは点滴を希望していたのですが、午後までは無理、と突き放されてしまったそうです。

その日の午後1時からは会場でのリハーサルが予定されていたので、仕方なく病院を後にしたアリアナ。フラフラの身体でリハーサルは終えたものの、とても競技会に出られる状態ではありませんでした。

そこでアリアナは、ヒロ在住のシンガーで親友のカウマカイヴァ・カナカオレに電話しました。するとカウマカイヴァはさっそく著名クムフラである祖母、プア・カナカオレと一緒に、駆けつけてくれたそうです。プアはアリアナに言いました。

「ここは火山の女神ペレのお膝元。ペレがアリアナに嫉妬している」

その理由は、競技会でアリアナが、ペレの恋物語に関するチャントを踊る予定だったから…。ペレと、その恋人ロヒアウのフラを踊ったのは、その日アリアナだけだったそうです。だからといって、なぜペレが怒るのかは正直私にはわかりません。ですが、ペレといえばその嫉妬深さで知られる女神ですよね。絶世の美女アリアナに対して、何か気に入らないところがあったのでしょうか。

プアはまた、こんなことも言ったとか。メリー・モナークの2日前に、ヒロの新聞にアリアナの記事が出たそう。その内容は「昨年2位になったアリアナだが、本来は1番スコアが高かった。ただ制限時間をオーバーしてしまったので減点され、2位になった」…。その真相をアリアナに尋ねると、

「それが本当かどうか、私は知らないの。でもそれが本当であれ嘘であれ、本番の2日前に出た記事でしょ。いずれにしろ、私にとってよくない報道だと思うわ。世間の人は、私によくない感情を抱いたはずよ」

昔から霊的なものに敏感だった彼女が、そういった自分に対する邪悪な感情を感じ取って病気になったのでは…とも、プアは考えたそうです。

そこでいっこうに体調の回復しないアリアナを連れて、一行は海に出かけました。ハワイで海は霊的な洗浄力があるとされているので、海で御祓いすることにしたんですね。アリアナはパレオだけを身体につけて海に浸かり、彼女のクムフラであるカウイ、そしてプア、カウマカイヴァが彼女のために祈りを捧げたそう。アリアナも泣きながら「女神ペレ、どうか私を許してください。私をもう罰しないでください」と念じながら45分ほど海水に浸かり、海を後にしました。

ちなみに海での御祓いでは、海から出る際、けっして後ろを振り向いてはいけないのだそうです。邪悪なものを、全て海に置いて出てくるために…。

こうして御祓いを終えたアリアナですが、御祓いも効果がなかったのでしょうか。本番直前までフラフラで、横たわったまま、クムフラがレイをつけてくれたとか。ですが名前を呼ばれてステージに上ると、気分がよくなり、なんとか踊り終えることができたそうです。それは病気が急に治ったというより、アリアナのプロ根性の賜だったのかもしれません。ですが実際、そのステージを境に病気は完治。次の日からは何ともなかったそうで、「いったいあれは何だったのかしら?」と、アリアナは首を傾げていました。

この話には後日談があり、数週間後のことです。アリアナの写真を、会場にいたカメラマン女性が届けてくれました。プロのカメラマンなのですが、美しいフラの写真をたくさん撮った中、なぜかアリアナの写真だけは撮り損なってしまったとか。画面が真っ黒だった、というのです。1枚だけ、かろうじてアリアナの写った写真がありました。ところが気味の悪いことに、アリアナのすぐ後ろには、人型のような黒い影が写っていたのだそうです！

「ぼやけた写真だったけど、私の後ろに影があるのがよくわかったわ。カメラマンはそのメリー・モナークで初めてフラ・ダンサーを撮ったそうだけど、その不気味な写真を見て、もう2度とフラの写真は撮らない、と決めたんですって」

その写真、私もぜひ見てみたかったのですが、アリアナのお父さんがプアに見せたところ、すぐ焼いてしまいなさいとアドバイスされ、すでに焼却してしまったそう。確かにそんな縁起の悪い写真は、手元に置いておいてはいけないですよね。

この話に明白な結論はないのですが、写真のエピソードからして、やはりアリアナの急病の陰に何か霊的な理由があったのは確かではないでしょうか。それがペレの嫉妬かどうかはわかりません。いずれにしろ、絶世の美女も大変だな、とつくづく感じた不思議議話でした。

豆知識

女神ペレ⇣Ｐ２１６
チャント⇣Ｐ２１７
クムフラ⇣Ｐ２１９

CHAPTER 03

Hidden Episodes of Hawaii's Past

ハワイの歴史こぼれ話

第3章
ハワイの歴史こぼれ話

文字を持たなかった古代ハワイアン。19世紀初頭、キリスト教宣教師によりアルファベットがもたらされる以前は、口承でその悠久の歴史が受け継がれてきました。今も私達が昔々のハワイの出来事を細かく知ることができるのも、ハワイアンの優れた記憶力のなせる技。神話時代から現代まで、ハワイの過去には、アッと驚く逸話がたくさん隠れています。

第3章

30. カメハメハと女神ペレの関係

カメハメハ大王の捧げ物は女神ペレをも惹きつけた

カメハメハ大王については、歴史書でよく「ペレに守られていた」「ペレはカメハメハの味方だった」と表現されていることがありますね。

ペレとはもちろん、ハワイ神話上の火山の女神のこと。今でもハワイでは、ペレが怒ると火山が噴火したり、地震が発生すると信じる人々がいて、ペレはハワイの住人の上に心理的に君臨する、恐怖の女神という側面もあるといえるでしょう。では、なぜ人々はカメハメハが、このペレに守られていると言ったのでしょうか？　それについては、以下のような逸話が残っています。

1790年のこと。ハワイ諸島の支配権を巡って、カメハメハと、その従兄弟であるケオウアが激しい勢力争いを繰り広げていました。ある時には、カメハメハの陣地をケオウアが奇襲攻撃。カメハメハは即座に反撃し、ケオウアの軍隊は撤退を余儀なくされました。ケオウアの軍隊は3つに分かれ、火山の女神ペレが住むと信じられているキラウエア火山近くを通過していたのですが、その時。火山が突如、大噴火を始めたのでした。19世紀のハワイアン歴史家カマカウによれば、それは大変激しい噴火だったそうです。そのため3隊のうち2つ目の軍隊は、降り注ぐ岩や灰、ガスに包まれ、全滅してしまいました。一瞬にして多くの戦士とその家族を失い、ケオウアはカメハメハに対する戦意まで喪失してしまったとか。

そのため人々は、「ペレはカメハメハの側についたのだ」と噂しあった、ということです。

また1801年には、こんな出来事もありました。その年、今度はハワイ島カイルア・コナ近くのファアライ火山が大爆発。溶岩流が多くの村を飲み込み、人々はペレの許しを求めて祈祷を繰り返しましたが、効果はありませんでした。

そこで登場したのがカメハメハ大王です。カフナ（祈祷師）の助言を受け、カメハメハ自身がペレに捧げ物をし、怒りを鎮めることになりました。カメハメハは溶岩が海に流れ込む地点にやってくると、自らの髪をひとふさ切り、ティーリーフの葉に包んで捧げ物に。それをペレに祈りながら溶岩に向かって投げ込んだそうです。と、不思議なことにその後、ファラライ火山の噴火が収まったではありませんか！　…そこでまた人々は、それがペレのカメハメハへの寵愛の印、カメハメハのパワーの証である、と話しあったのだそうです。

怒れる火山の女神までも味方につけてしまうカメハメハ。やはり彼は、様々な意味で超人だったようですね。

豆知識

カメハメハ大王…P216
カフナ…P217
女神ペレ…P216
ティーリーフ…P218

第3章

31. カメハメハの野望とプウコホラ・ヘイアウ

カメハメハ大王の威厳とパワーの象徴だったプウコホラ・ヘイアウ

ハワイ島コハラコーストのヘイアウ(神殿)、プウコホラ・ヘイアウといえば、1791年にカメハメハ大王が建てた、ハワイ島を代表するヘイアウです。ハワイ諸島を統一しようという野望のもと、カメハメハは、戦いの神クーに捧げるためにヘイアウを建てたのでした。

ハワイ史上名高いこのヘイアウの建設の経緯に関しては、以下のようなエピソードが知られています。真相は闇の中ですが、大変ユニークな話ではありますので、ご紹介しましょう。

カメハメハ大王がプウコホラ・ヘイアウ建設を決意したのは、1790年のこと。カメハメハの従兄弟のケオウアが、カメハメハの留守中にその陣地を襲ったことがきっかけでした。この時カメハメハはケオウア軍を素早く撃退。撤退の際キラウエア火山の噴火で大被害を受けたケオウア軍は、戦意を大いに失ったわけですが…（第3章「カメハメハと女神ペレの関係」参照）。それでもケオウアに対し、警戒をゆるめるようなカメハメハではありません。

実はカメハメハはこの危機の真っ只中、信頼できる叔母を有名な預言者カポウカヒに送って、次のような信託を授かっていました。

「ハワイ島カワイハエのプウコホラの丘に、戦いの神クーに捧げるヘイアウを建てよ。そうすればカメハメハは、ハワイ全島を征服することになるだろう」

そこでケオウア軍との危機が終了した後、カメハメハはすぐにヘイアウ建設に着手することにしました。預言者カポウカヒによれば、戦いの神クーを喜ばせるため、ヘイアウは厳密なガイドラインに沿って完璧に造られなければならなかったとのこと。カポウカヒ自らが責任者となって建設がスタートし、数千人ものハワイアンが丸々1年間、プウコホラの丘で野営しながらヘイアウの建設に従事しました。

預言によれば、ヘイアウ建設のための石は、水に洗われた溶岩に限るとされていました。溶岩は海辺に広がるポロル村で調達されることになり、ポロル村からプウコホラの丘まで、人から人への手渡しで運ばれることに。実に32キロにも渡り、人の列ができたそうです。壮観な眺めだったでしょうね！

カメハメハ自身も時おり作業に加わり、１７９１年、プウコホラ・ヘイアウが完成。わずか1年で巨大なヘイアウを造り上げるなんて、大したものです。案外、現代ハワイの建設ペースよりも早いかも？　しれません。

そして１７９１年の夏。ヘイアウの完成式が行われ、そこにはカメハメハのライバル、ケオウアも招かれました。一応、和解のために招待するという名目だったようですが、そう簡単に話が進むわけはありません。ケオウアのカヌーが、ヘイアウの真下の浜辺に到着すると…。カメハメハの部下である王族の1人がケオウアに襲いかかり、その場でケオウアは殺されてしまったのでした。

ケオウアの死体はさっそく完成したばかりのヘイアウに運ばれると、戦いの神クーに捧げる初の生贄に。その後ヘイアウの完成式が、厳かに行われたそうです。

もっともこの出来事に関しては、さまざまな解釈があります。そもそもケオウアは、自分が殺されることを知りながら、自ら覚悟してヘイアウにやってきたという説。さらにはカメハメハにケオウアを殺す意図はなかったのに、部下が勝手に殺してしまったのだ、という説。…諸説ありますが、ライバルが死んだ後、カメハメハは預言通りにハワイ諸島を統一し、王国を築いたのは事実。つまり預言は実現したというわけですね。

それにしても。従兄弟ケオウアの殺害を自身が望んだかどうかは別として、その死体を戦いの神クーへの貢物にしたカメハメハ。やはりカメハメハは、恐るべき戦士だったようです。

今このヘイアウは近くから眺めることはできますが、入場は禁止。でも、もしも霊的に敏感な人が中に入ったなら…さぞかしゾクゾクすることでしょう。私がその巨大なヘイアウを間近に眺めた際には、カメハメハの強大なパワーをひたすら感じただけでしたが。

豆知識

クー（ハワイの4大神）⋮P216
カメハメハ大王⋮P216
女神ペレ⋮P216
ヘイアウ⋮P217

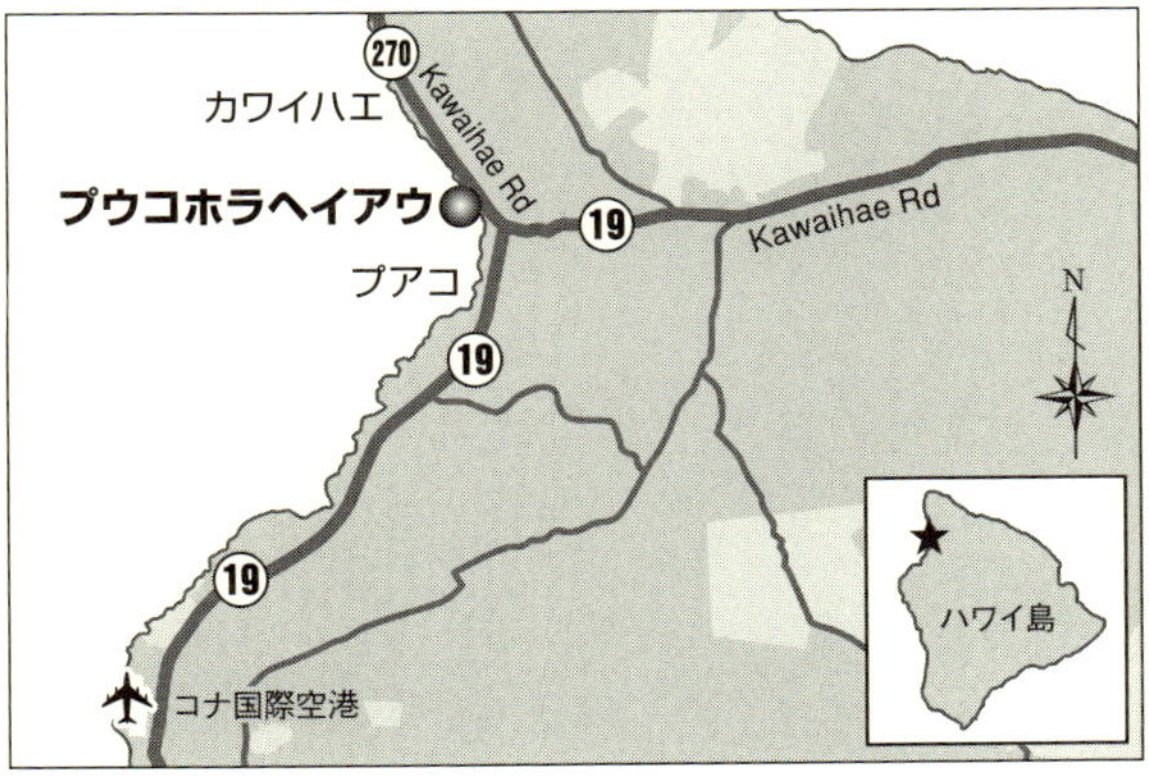

コナ国際空港からカアフマヌ・ハイウェイを北上する。ハプナ・ビーチ・プリンス・ホテル、マウナケア・ビーチ・ホテルを過ぎ、カワイハエ・ロード（ルート270）を左折。しばらく行くと、左手にプウコホラ・ヘイアウ・ナショナル・ヒストリック・パークの入り口が見えてくる。

第3章

32. タブーを改めた王様

庶民がお咎めなく2階席に座ることができたのは、カメハメハ3世のお陰

ホノルル・ダウンタウンにあるカワイアハオ教会は、1820年、カメハメハ3世の命により建立されたハワイ初のキリスト教会（第1章「王族ハオの愛した泉」参照）。

ハワイ王朝ゆかりの教会ですから、礼拝堂の一番後ろには、なんとロイヤル・ボックスまであります。コアの木でできたロイヤル・ボックスに、その昔は、美しく着飾った女王や王女、凛々しい王様達が座ったというわけです。1893年、白人勢力によるクーデターにあってハワイ王朝が崩壊した後、その席に座る人はいなくなってしまいましたが…。

このロイヤル・ボックスについては、教会を建てる際、ちょっとした悶着があったそうです。

教会には中2階というか2階に回廊があ

り、ここにもたくさんの席が設けられています。ところが古来ハワイには、「庶民は、王族より高い場所に位置してはいけない」というタブーがありました。昔は王族の影を踏んだら死刑になったほどですから、こういったタブーは古代の生活で、絶対的な束縛力を持っていたんですね。

そのため、1階の後方に王族達の席があるのに（ちょっと高めに造られています）、2階席を造るなんてもってのほか！という意見が出たそうです。

ですが結局、時の国王、カメハメハ3世が特別に許可を出したため、無事予定通り教会に2階席が設けられることに。カメハメハ3世は、なかなか話のわかる人だったようです。

現在、教会の2階の回廊にはハワイの王族たちの肖像画がグルリと掲げられ、ブラブラ見て歩くのも一興。もしこの教会を訪れることがあったなら…曰くのある2階席とロイヤル・ボックスも、ぜひ見学してみてくださいね。

ワイキキから2番&13番バスで約30分。パンチボール・ストリートとS.ベレタニア・ストリートの角近くで下車し、海側に歩く。パンチボール・ストリートとS.キング・ストリートの角にカワイアハオ教会がある。

第3章

33. マウイの悲劇の王女

ラハイナの街はずれにあるカメハメハ3世の妻の墓

3年前にマウイ島を訪れた時のこと。ラハイナの街をぶらぶらしていると、ルアキニ・ストリートという通りに突きあたりました。ギフトショップが並ぶ賑やかなフロント・ストリートの、ほんの1本山側の道がそれ。ルアキニといえば、ヘイアウ（神殿）の一種。特に人身御供の捧げられたヘイアウが、ルアキニ・ヘイアウと呼ばれています。もしかしてこの近くにルアキニ・ヘイアウがあったのでしょうか？

その後資料をめくってみると、ヘイアウうんぬんの歴史はわからなかったのですが、この道にまつわる悲しい史実があることがわかりました。なんでもこの通りは、1837年、ナヒエナエナというマウイ島の若い王女の葬列が通った道なのだそうです。

ナヒエナエナはハワイ王室の中で悲劇の王

女として知られている女性です。さっそくリサーチしてみると…。悲劇も悲劇、ナヒエナエナはカメハメハ3世の妃で、赤ちゃんを産みましたが、赤ちゃんはたった2時間後に死亡（まだそういう時代でした）。悲嘆したナヒエナエナもその4か月後、わずか21歳でこの世を去ったということです。

もう少し詳しく説明しましょう。ナヒエナエナはカメハメハ大王の娘でした。カメハメハの数あるお妃のうち、「聖なる妻」と呼ばれた高貴なるケオプオラニが、その母。ハワイの王族にもランクがあって、当時ハワイ諸島でただ1人残った最も高貴なランクの王族が、ケオプオラニだったそうです。あのカメハメハ大王でさえも、ケオプオラニの前では、裸になって跪かなければならないほど高位の女性だったとか。

ケオプオラニはたくさんの子を産みましたが、当時の習慣により、子ども達は母の元を離れ、ほかの王族のもとで育てられていました。けれどナヒエナエナが生まれた時、ケオプオラニは決して手離さず、自分で育てることにしました。ナヒエナエナが7歳の時、ケオプオラニは死んでしまうのですが…。

これまた当時の習慣として、昔ハワイの王族の間では、聖なる血流を守るため、兄と妹の結婚ということも行われていました。そのためナヒエナエナも、実兄であるカメハメハ3世と幼い時に婚約。1836年10月に息子を産みましたが、前述のとおり息子は2時間後に死んでしまいます。ナヒエナエナはその後病床を離れることなく、4か月後、息子の後を追ったのでした。彼女の死を嘆いたカメハメハ3世は、命日を王国の休日に定め、毎年盛大に供養したということです。

この話を読んだ翌日、ルアキニ・ストリートに戻り、通りを歩いてみました。その通りは一方通行のほんの狭い道。この細道を170年前に、若くして死んだ王女の葬列が通ったのかと思うと、なんとも言えない気持ちになりました。

ハワイ王朝の中には悲劇の…と形容詞が付く女性が何人もいます。リリウオカラニ女王（ハワイ王朝最後の女王）やエマ女王（待望の息子を5歳で亡くし、数年後夫も死去）、カイウラニ王女（リリウオカラニの姪で王位の後継者でしたが、王朝は転覆され、王女も若くして亡くなりました）など。でも私の耳には、なぜかこのナヒエナエナの短い人生が、妙に悲しく響くのです。

この王女が19世紀のマウイでひっそりと亡くなり、歴史の表舞台からも隠れていた、という事実のせいなのかもしれません。


時は流れ…。昨年、2年ぶりにマウイを訪れた際、どうしても行きたい場所がありました。ナヒエナエナの葬列が通ったというルアキニ・ストリートを前回のマウイで歩きましたが、ではその墓はどこにあるのでしょう。ナヒエナエナの墓をぜひ探してみたかったのです。

まずはこの質問をラハイナにあるマウイ観光局にぶつけてみると…。母ケオプオラニ女王の墓がルアキニ・ストリートの先にあるので、おそらくそこでしょうとのこと。そこで炎天下を歩くこと15分。王女ナヒエナエナの墓は、観光局の女性が言ったとおり、ワイオラ教会という由緒ある教会に、母と一緒に葬られていました。

ラハイナの中心地から離れ、海からグッと山側に入った静かな教会の真横に、特別な囲いに守られたナヒエナエナの墓が佇んでいました。

そのつつましい墓所を見たとたん、なんだか涙が…。目的の墓を発見して嬉しく、感動したから？　確かにそれも1つ。

また、こんな感傷的な想いも浮かんできました。

墓所のある美しい場所は、ナヒエナエナにとっては生まれ故郷のマウイなのですもの。それでいいのかもしれませんが、でもどうしてナヒエナエナは夫だったカメハメハ3世ではなく、母と一緒に埋葬されているのでしょうか。カメハメハ3世の墓は、ホノルル・ヌウアヌにある王家の霊廟、ロイヤル・モザリアムにあるのに（ロイヤル・モザリアムにはカメハメハ大王、ルナリロ王を除くハワイ歴代の君主6人など、50人以上の王族が埋葬されています）。

そのロイヤル・モザリアムの盛大な様子を思い出し、そして、そこでカメハメハ3世は2人目の妻である王妃カラマとともに眠っている事実を考えて、なんだか悲しくなってしまった私。そう、ナヒエナエナは3世の妃としてはあまり認識されておらず、歴史上、3世の王妃は、あくまでもカラマなんですよね。マウイの墓にも、ナヒエナエナがカメハメハ大王とケオプオラニの娘であるとは記されていましたが、カメハメハ3世の妻とは一言も書かれていませんでした。

ワイオラ教会の墓は、きれいに掃除されていましたが、かけられているレイは古いものでした。あまり訪問する人がいないのでしょうか。

教会の人に尋ねると、ナヒエナエナ王女、その母ケオプオラニ女王のための記念祭などは特に行われていないそう。ですが、毎週日曜日の教会で礼拝が行われる際は、王朝時代の衣装に身を包んだロイヤル・ガード（王族警備隊）の兵士が墓の周りに立ち、墓を守っているとのことでした。それを聞いて、少しだけホッとした気分になりました。
とはいえ、愛する兄であり夫であったカメハメハ3世からは遠く離れ、母と一緒にひっそり眠るナヒエナエナの逸話は、なぜか私の涙腺をひどく刺激します。悲しく切ない気持ちになって、この日も教会を後にしました。

豆知識
カメハメハ大王…P216
ヘイアウ…P217

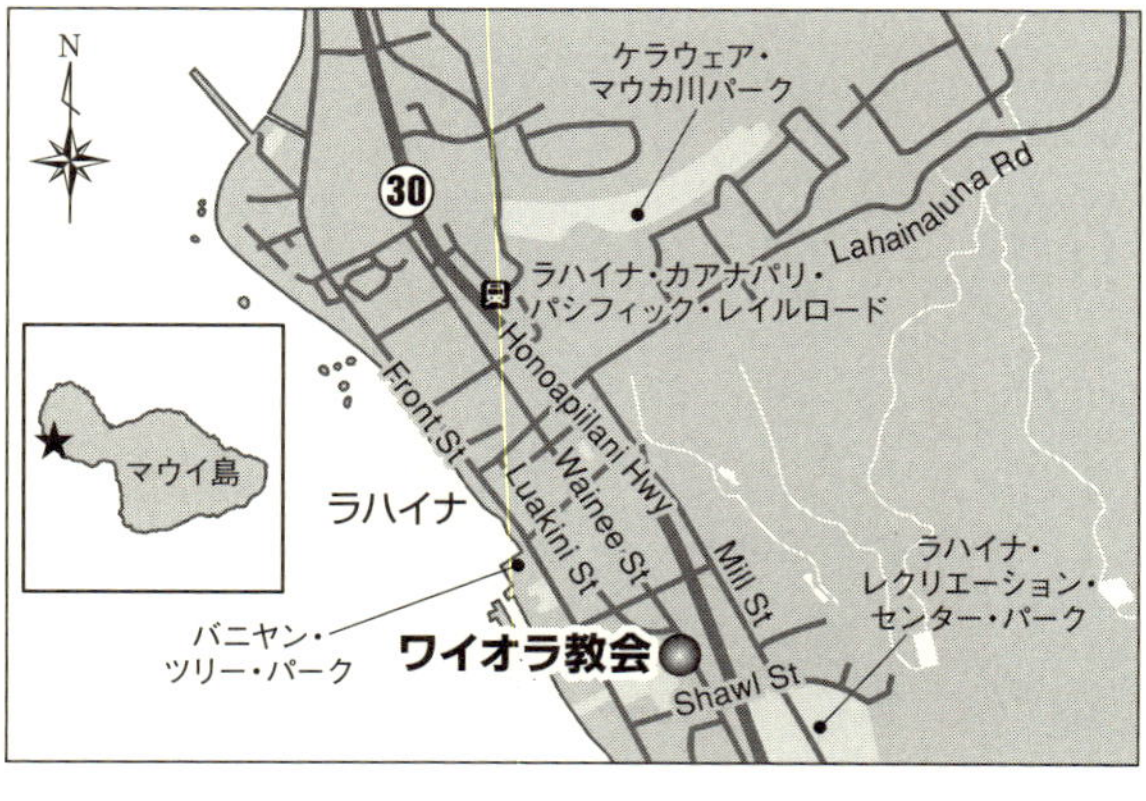

ラハイナのハーバーに面したバニヤン・ツリー・パークから徒歩で約15分。ルアキニ・ストリートとワイネエ・ストリートの交差地点にワイオラ教会がある。

第3章

34. イギリス人ハンターの功罪

ハワイ原生の小鳥に起こった悲劇とは（写真は現代の家鴨）

先日、「ケ・カニカウ・ノ・ナ・キア・マヌ」という古代フラを見る機会がありました。私にとって、そのチャント（詠唱）を聞くのもフラを見るのも初めて。男性ダンサーの踊ったそのフラは、スピード感があって見応えあるもの。ですがそれ以上にチャントの内容が興味深く、いろいろ考えさせられてしまいました。

チャントの筋はこうです。ハンターが森にやってきて、オオという鳥を撃ちまくった。そしてハワイの森から鳥がいなくなった…という悲しい物語でした。「森に走れ！　走れ！」「撃て、撃て！」「ああ、鳥たちがハンターに撃たれた」「鬱蒼とした森から鳥たちが消えた」などなど、けっこう衝撃的な内容で、ティーリーフの葉で作った衣装をつけ鳥に扮したダンサーが「ああ～！　ああ～！」と嘆く場面もあり、見ていて悲しくなってしまうフラでした。

ちなみにチャントに出てくるオオというのは、ハワイ原生の小鳥です。ハワイは古来、オオをはじめとする小鳥の羽根を使った工芸に優れ、王族男性は羽毛のマントやヘルメットをつけたし、王族女性は羽毛のレイやヘッドバンドをつける風習がありました。つまり羽毛の装飾品は王族の象徴だったわけですね。

特に男性のマントは、神聖な儀式や戦場でのみ着られる特別なものでした。位が高くなるほど長いマント、低くなるほど短いマントをまとったそうです。ほんの小さな羽根を1枚1枚縫って大きなマントを作るのですから、それは気の遠くなるような作業だったはず。

最も著名な羽毛のマントといえば、ビショップ博物館所蔵の、カメハメハ大王のマントでしょう。大王のマントは、マモという小鳥の羽根45万枚を使って作られたもの。キア・マヌと呼ばれたハワイのバード・キャッチャー、つまり鳥を捕まえる専門職人が数世代にわたり、なんと8万羽ものマモから集めた羽根でできたものだそうです。

鳥を捕まえる…といっても、キア・マヌは鳥を殺すハンターではありません。キア・マヌは鳥もちで鳥を捕らえ、美しい羽を数枚抜き取ったあとは、鳥を放すのが常でした。たとえばオオは黒い鳥で、尾の近くにほんの数枚、鮮やかな黄色の羽を持っていました。キア・マヌは鳥を捕まえると数枚の美しい羽だけを抜き、そのままオオを放したわけです。もちろん資源保護のためですね。

では冒頭で語ったチャントに出てくるハンターというのは、いったい誰のことでしょう？　これはイギリスからやってきたプロのハンターだそうです。

18世紀にクック船長がハワイ諸島を発見し、ハワイの見事な工芸品が初めてヨーロッパにも紹介されることになりました。クック自身、見事な羽毛のマントを献呈され、日誌の中で、マントを「それは最も厚みがあり上質なベルベットのようだ」と記しています。また多数のフェザーレイも持ち帰ったそうです。同時にハワイの王族女性がヨーロッパを訪問するようになり、そのフェザーレイの美しさに目を留めた人々も多かったそう。

そんな経緯で、ヴィクトリア時代のイギリス人は自分達も美しい鳥の羽を手に入れようと、ハワイにプロのハンターを送ったのでした。そして…あとはもうおわかりですね。ハワイアンのように羽だけを抜き取るなんて器用なことはせずに、あちこちの森でズドン、ズドンと鳥を撃ちまくった、というわけ。ほんの数枚の羽のために、希少なハワイ原生の小鳥達を殺してしまったんですね。そのため、1880年代に、オオやマモ、ホアといった小鳥達が、絶滅してしまったのでした。

私もこれらの希少な鳥が絶滅したのは聞いていましたが、その理由がイギリスから送られたハンターだったとはこのフラを見るまで、ちっとも知りませんでした。

やはりフラには、歴史や物語など、意味深い知識や事実が秘められているんですね。それにしても…罪深いイギリス人ハンター達！

豆知識

カメハメハ大王…P216
チャント…P217
ティーリーフ…P218

第3章

35. クック船長の遺体に何が起こったか

ホノルルのカメハメハ大王像の土台にもクック来訪の様子が描かれている

1778年、イギリスの航海家であるクックがハワイ島に上陸した際、当初ハワイアンはクックをハワイ神話上の神ロノと勘違い(ロノは白い肌を持ち、いつかケアラケクア湾を通ってハワイに帰ってくると信じられていたことなど、様々な偶然が重なったため。ちなみにクックが上陸したのもケアラケクア湾でした)。大変なご馳走でもてなし、鳥の羽で作った希少なマントなど山のような捧げ物をして、大歓迎しました。

ところが後々クック一行とハワイアンの間に行き違いが生じ、ハワイアンは彼が神などではないことにも気づき…。結果的にクックがハワイアンに惨殺されてしまったことは、広く知られていますね。

では、そのクック船長の遺体がどうなったのか、ご存知でしょうか？　ハワイに捨て置かれたのか。それともイギリスに還ることができたのでしょうか？

それについては、1823年にハワイを訪れたイギリス人宣教師、ウィリアム・エリスがいろいろ書き記しています。というのもエリスがハワイ入りした時、ハワイ島にはまだたくさん、「クックの殺害現場にいた」、または「親戚や家族がその場にいた」という人々がいたそう。そこでクックの死やその後の展開についても、エリスは詳しく知ることができたのでした。

それによると、クックの死の翌日。カフナ（祈祷師）からイギリス側に返されたのは、クックの手など、ごく一部だったそうです。手はタパ布と、白黒の羽毛で作ったマントに包まれていました。クックの手には大きな傷があったので、イギリス側もすぐにクックのものとわかったようです。一説によると、その手は塩漬けにされていたとか（なぜか、保存されようとしていたんですね）。

その後イギリス人の再度の要請により、頭蓋骨や腕、足の骨が返還されましたが、肋骨などが欠けていました。しかもそれらは、肉をはぎとった骨だけ。

一般にはずいぶん野蛮な話と感じられるでしょうが、遺体から肉を取りのぞくのは、古代ハワイでの埋葬方法。イギリス側はそれらを受け取って、水葬にふしたということです。

この時返されなかったクックの骨については、イギリス人がハワイを訪れるたびに探したのですが、「骨はもう焼かれた」「紛失した」等々の情報がもたらされるばかり。どうも真相は、クックをいまだロノ神と信じる一行により骨が隠された…ということのようです。ケアラケクア湾からずいぶん遠くにロノ神のためのヘイアウ（神殿）があり、どうやらそのヘイアウのカフナがクックの骨を守っていて、崇拝対象としていた様子。つまり御神体にされてしまったというわけですね。

ロノ神のカフナは年に一度、島中を巡ってヘイアウへのお布施を集めましたが、その際、クックの骨も一緒に島を巡ったとか。しかしクックの骨が最終的にどうなったのかは、神のみぞ知る…。今も行方はわかっていません。

クックは怒れるハワイアンに殺されてしまったわけですが、それでもクックを白い神と信じ、骨を拝み続けたなんて…。ハワイアンの心情にも、なんだか複雑なものがあるようですね。実際、エリスによれば、クックの死に関して、ずいぶんハワイアンたちも苦い思いを抱いていた、ということです。

豆知識

ロノ(ハワイの4大神)…P216
ヘイアウ…P217
カフナ…P217

第3章

36. ハワイアンが文字を持った日

口頭伝承に優れていたハワイアン。文字を使い始めたのは19世紀だった

文字を持たず、数百年にもわたって重要な事象を口承で次世代へと伝えてきたハワイアン。歴史や家系図などをすべてチャント（詠唱）に盛りこんで記憶していたことは、すでによく知られています。それを身体の動きで表現したのがフラですよね。著名クムフラ（フラの教師）のサニー・チングも、次のように語っています。

「古代ハワイの貴重な情報や知恵が、全てチャントとフラに記録され何百年も伝わってきたんだ」

ところがハワイがイギリスのクック船長によって発見され、西洋との交わりが生じてから事情が一変しました。キリスト教宣教師は、布教の一環としてハワイアンに文字を持たせようと画策。まずはハワイ語のアルファベット表記を、ハワイアンに学習させようとしたからです。

このような意図のもと、1822年1月7日、初めてのハワイ語スペルの教本、「プケ・アオ・ケペラ」が出版されました。プケはブック、ケペラはスペル、のハワイ語読み。ハワイ語の読み書きを習うことは、当初王族だけに限られており、当時王族の家庭はそれぞれ家庭教師を抱えて勉強に励んだそうです。

それが次第に庶民へと広がり、口頭伝承に強いハワイアンは、ハワイ語の読み書きにもその能力をいかんなく発揮しました。ハワイ語の文章を学ぶ際にも節をつけ、チャントのように謳って覚えたそうです。ハワイアンの中には、数ページにもわたり「逆さに持った教本」をスラスラ間違いなく読む人もいたそう。つまり、そのページを丸暗記していたということですね。この一例が示すように、ハワイアンは凄まじい記憶力の持ち主だったようです。

もっとも教本の中身は、当初の宣教師の意図を反映して、キリスト教的な教えがたっぷり盛りこまれていました。19世紀のハワイアン歴史家、カマカウによると、教本にはモーゼの十戒や聖書の一部、それに「偶像は持たない、崇拝しない」との誓いなども含まれていたとか。…ハワイアン達は、いったいそれらをどんな気持ちで暗記したのでしょうか。内容はおかまいなしに、ただ記憶しただけだったのか？　それとも洗脳されてしまったのか。…興味の引かれるところですね。

そんなこんなでハワイ語の学習熱は広がり、毎年4月にはオアフ島で、各地区の学校対抗発表会なども開かれていたそうです。カマカウによれば発表会が近づくと、ホノルルのヌウアヌ・パリからカイムキの家々までの灯りが、夜遅くまで灯っているのが見られたとか。発表会で好成績を収めた学校は有名になり、みっともない結果を出した学校は嘲笑されたといいますから、当時のハワイアンは現代日本人も顔負け？　の熱心さで、初めての読み書きに熱中したようです。

こうしてハワイ語教本が出版されてから2年後の1824年末までに、2000人がハワイ語スペルを学んでいましたが、その数は毎年飛躍的に増加。1828年には3万7000人が、1831年には5万2000人が学んでおり、その数は実に当時の全ハワイアン人口の5分の2！　すごいペースで、ハワイアンに文字が浸透したことになります。

ハワイへの文字の導入は、そもそもキリスト教の布教から始まった試みだったにしても、よい意味でハワイの社会を変えた…ともいえるのではないでしょうか？　たとえばカマカウのような19世紀のハワイアン歴史家が、当時のハワイの貴重な情報をいろいろ書き残してくれたことは、大変有難いことです。

いつかハワイ語をしっかり勉強して、それらの文献を原書で読むのが私の大いなる野望なのですが…。いつになることやら？

豆知識
チャント ⇣ P217
クムフラ ⇣ P219

カメハメハ・スクールからも一時ハワイ語が消えた

第3章

37. ハワイアンが英語を学んだわけ

ハワイ語の読本「プケ・アオ・ケペラ」が出版された1822年から約30年後の1853年。今度は子ども向けの英語教本が、初めてハワイで出版されました。これもまた、宣教師絡みのホノルルの出版社から発行されたものです。

驚いたことに、英語学習はハワイアン自身が望んだものだったよう。それ以前からハワイ王国の役人も宣教師達も、ハワイアンが英語を学びたがっていることを切々と感じていたそうです。ある政府関係者は、その理由を以下のように説明しています。

「ニイハウ島のような遠方も含めて、ハワイのいたるところでハワイアンは子ども達に英語を学ばせたがっている。その理由を聞くと、どのハワイアンも口を揃えて次のように説明する。『英語が話せないままでは、いつまでたってもハワイアンの価値はゼロ（NOTHING）、白人が全て（EVERYTHING）、ということになる』」

英語ができなければ自分達は人間としての価値が低い、と感じていたハワイアン。白人と平等になるよう、そしてきちんと対抗できるよう、英語を必死で学ぼうとしていたんですね。それもニイハウ島のような、ハワイアンだけが暮らすのどかで小さな島まで。…なんだか当時のハワイアンの置かれていた状況が痛いほどわかり、涙が出そうな話です。

そんな背景からひとたび英語教育が始まると、ハワイ語で授業を行う学校が次々姿を消し、英語だけで授業をする学校が増えていきました。カメハメハ王朝の末裔、バーニス・ビショップ王女の遺産で設立され、ハワイアンの血を引く子ども達だけが通うことができた学校、カメハメハ・スクールでも、同様に英語で授業が行われたようです。

それどころかハワイの王族も、カメハメハ４世以降はハワイ語でなく英語を話すことを好んだとか。西洋好みの４世でしたから、それも当然のような気がしますが…。白人に対抗するという意識からだけではなく、英語を話すことが上流階級の印、という意識もあったのでしょうね。ちなみにハワイ王国が崩壊したのは１８９３年。英語教本がハワイに登場した１８５３年から、わずか40年後のことです。

そして１８９６年には、ハワイの公立校での授業も英語に。その頃にはハワイ語を話すハワイアンも激減。教育の手段が英語に切り替わったのに加え、大人も子どもも、次第に「ハワイ語は悪い言葉だ。英語が正しい言葉だ」という意識を抱くようになっていたようです。

こうして歴史的に口頭伝承に長け、詩的で美しい言語を操っていたハワイアンも、次第に英語族に変化していったというわけです。しかも、そもそもは白人に負けるまい！　というハワイアンの意気込みから英語熱がスタートしたというのですから、なんともせつない話ではないでしょうか。

加えて学校でハワイ語禁止、という悪法が1896年、ハワイに登場。ハワイ文化の権威、故カヴェナ・プクイ女史も、英語がわからない新入生にハワイ語で先生の説明を伝えたのが見つかり、外出禁止の罰を受けた…という体験談を書いています。母国語を話したら即、罰を受けるなんて、ずいぶんナンセンスな規則がまかり通っていたんですね。

さらに1898年には、白人勢力によってハワイ共和国が設立され、人々のハワイ語離れはますます進んでいきました。この世からハワイ語が消滅するのも時間の問題、と思われていた時期もあったようです。

ちなみにこれはハワイ語だけの問題ではなく、多くの言語に現在進行中で起きている問題とか。言語学者によれば世界で現在6800の言語が使われていますが、2100年までに、そのうち3400〜6100の言語が消滅する可能性あり、と推定されているそうです（2001年5月の地元英字紙「ホノルル・スター・ブリテン」の報道より）。

ユネスコは、「1つの言語が次世代に引き継がれるには最低10万人がその言語を話していることが必要」とみなしているとか。その統計からみて、世界のどの言語が消滅しそうなのか判断できるとのことでした。言語学者も、言語が消滅する理由として、戦争や天災で多数の死者が出た場合と並び「政府がほかの言語を採用した時」「政府によりその言語が禁止された時」という項目を挙げており、まさにその2つが、19世紀末のハワイで起こったというわけです。

もっともハワイ語禁止令は後に解除され、ハワイ大学ではハワイ語を学ぶコースが1921年にスタート。

1930年代にはカメハメハ・スクールでも同様の動きがありました。ですがあまりに長い間ハワイ語が疎んじられていたお陰で、1983年のハワイ語人口は、たった1000人に減っていたそうです。

そんな時。幸いなことに、「こんな状況ではいけない、ハワイ語を守らなきゃ」と考えるハワイ語堪能な教育者のグループが立ち上がりました。1983年、ハワイ語だけで授業を行う画期的な学校、アハ・プナナ・レオが、ごく小規模ながらオアフ島で設立されたんですね。最初は保育園だけだったのが後に小学校、中学校も設立され、1999年には中学校から最初の卒業生も出ています。

ちなみにアハ・プナナ・レオとは、ハワイ語で「言語の巣」の意味。ここからハワイ語族の子ども達が巣立っていくようにとの願いをこめ、名づけられたのでしょう。

このアハ・プナナ・レオの存在も手伝って、ハワイ語人口は確実に増え、2001年の時点でハワイ語を話す人の数は約1万人だそう。約20年で10倍にまでハワイ語族が増えたのは、なんとも素晴らしいことではないでしょうか。

実はハワイアンの夫の姪っ子（4歳）も、ハワイ語保育園に通う子ども達の1人です。去年入学したので、まだまだハワイ語ペラペラというわけにはいかないのですが、この間は絵本を見ながら、「プアア」（豚）、「マノ」（鮫）と、ハワイ語で動物の名前を復唱していました。とても可愛いらしかったです。

ハワイ語のともし火は一時消えかけましたが、こうして次世代に向け、少しづつでも引き継がれていっているのは確かなよう。世界的なハワイアン・ブームで、海外でハワイ語を学ぶ人も増えています。美しいハワイ語が永遠に地上に残るよう、私も祈らずにはいられません。

第3章

38. ハワイアンとチャント

チャンターは偉大な歴史の伝承者だ（写真はメリー・モナークの舞台）

第3章「ハワイアンが文字を持った日」で記したとおり、歴史や天変地異など全て重要な出来事を、チャント（詠唱）に盛りこんで後世に伝えてきたハワイアン。特に王族に関しては、家系図をはじめ様々な事実が、チャントにしっかり記録されてきました。

19世紀の歴史家カマカウによれば、王族の生まれた日や場所はもちろん、どこでへその緒が切られ、どこに隠されたか。胎盤はどこに捨てられたか。そして王族が死ねば、どこに埋葬されたのか。こと細かくチャントに残されたそうです。ハワイ諸島の中でもオアフ島とマウイ島は、王族に関する歴史的事実がしっかり残されていることで有名だそうですよ。

そういえば17世紀のオアフの大酋長、カクヒヘヴァについての古いチャントにも、その出世の地としてオアフ島ワヒアワのクーカニロコ（産みの苦しみを和らげるとされる岩があり、王族女性がここで出産しました）の名が謳われていましたっけ。カクヒヘヴァに限らずそれぞれの王族について、こうした人生の重要な出来事が数百年も後世へと伝えられているなんて…。口頭伝承を続けてきた昔の人々というのは、本当にすさまじい記憶力の持ち主だったんですね。

…これはハワイの例ではなくて恐縮なのですが。先日メラネシアのバヌアツ共和国（旧ニューヘブリデス）について読んでいた時、面白い事実にぶつかりました。バヌアツもハワイ同様、大昔は文字を持たず、口承で文化・歴史が伝えられてきた島です。バヌアツにはロイマタという偉大な酋長がいたとされ、1265年頃亡くなり、ある無人島に埋葬されたという言い伝えがありました。

そして1967年。フランス人考古学者がロイマタが実在の人物だったかどうかを知るため、無人島で墓を調査し、すぐに墓を発見。それもロイマタだけでなく、言い伝えと全く同じく、ほかに46人の遺体が発見されたのです！　伝説ではロイマタとともに「46人の会葬者が同じ場所に生き埋めにされた」と伝えていました。それが正しかったわけですね。

しかも放射線炭素によって、それらの遺体が埋められたのは、1250年から1300年にかけてだったことも判明。つまり、700年も前の口頭伝承の内容が、きわめて正確だったということになります。

日本人は常に文字により故事を学んできたので、口頭伝承とはどんなものなのか、ちょっと想像がつきませんよね。口づてで何世代も歴史を伝えるのは不可能だ、伝言ゲームのように内容が変わってしまうのでは？と思いがちかもしれません。でもバヌアツの例が示すように、どうやらそうとも言いきれないよう。きっとハワイのチャントに伝わる歴史も、まるで古い書物を紐解くかのように詳しく古代の生活を伝えてくれているのだ、と私は信じています。

豆知識
チャント…P217

第3章

39. 古代ハワイでの食の意味

古代ハワイアンは常にご馳走に囲まれていたのだろうか？

ハワイアンといえば食いしん坊というか、食べるのが大好き！　という印象がありますね。古代ハワイアンももちろん、食べることを愛していました。けれど。ハワイアンがいつも潤沢な海の幸や、バナナなど山のようなフルーツに囲まれ、しょっちゅう豚の丸焼きを囲んでルアウ（宴会）を開いていた、なんてことはありません。意外に質素な食生活を送っていたようです。

たとえば古代のハワイでは虫にやられて一帯のタロイモが全滅することもあったでしょうし、魚も確実に、大量にとれたわけではないでしょう。実際にハワイもしばしば飢饉に見舞われ、ある土地ではサツマイモを干して貯蔵したとか、ある酋長が余った食べ物を差し出すよう布告を出し、飢饉にそなえて倉庫のような場所に貯めた、などという話も残っています。家族を救うためにパンの木に変身した父親の話などなど、飢餓に関わる伝説も多いですし…。南海の楽園で暮らすハワイアンと言えども、自然の恵みを享受するばかりのお気楽な生活を送っていたわけではないということですね。

こうして食べ物が希少だった古代ハワイなので、毎日の食事ですら、お祝い、お祭りのような深い意味合いがありました。食物は命をつなぐ大切な糧であって、贅沢とかそういう概念とはかけ離れたものでした。つまり食事は、その日もまた食べ物にありつけたことを神に感謝しながら、神とともに食べる神聖な行為。だからこそ男女一緒に食事するのはタブー、男の子も成人するまでは大人の男性と一緒には食事しないなど、食に関する様々なルールがあったのでしょう。

食べ物の有り難みを知るハワイアンですから、客を食事に招くことは最大のホスピタリティでした。逆にこれは、提供された食べ物を拒むことは、最高の侮辱だったことを意味します。人の好意を受けとらない人間はまた、人に好意を示さない人間でもある。そうも受け取られ、嫌われる結果になったそうです。

今は昔のように「飢え」は存在しませんが、人のもてなしを拒絶することは現代のハワイでもまた、無礼な行為。食事を勧められたら。もしくは、なにか食べ物をもらったら。100％拒否してしまうのではなく、ひと口でもふた口でもとにかく食べなければ、失礼にあたります。ハワイアンである夫に言わせれば、一度「食べてください」と言われて断るのはいいけれど、二度、三度と勧められてさらに断るのは、とても失礼なことだそうです。

アメリカ式に考えると、イエス、ノー、はっきり答えてＯＫのように感じますが、やはりここはハワイ。あまりきっぱりと拒絶するのは考えものなのですね。

豆知識
タロイモ…P218

第3章

40. 肥満とハワイアン

カメハメハ大王のお気に入りの妃、カアフマヌも確かに巨体だった

第3章「古代ハワイでの食の意味」では、ハワイといえども昔は飢餓が深刻な問題だったことを書きました。その後、ふと思ったのです。では「古代ハワイでは太っていることが美人の条件だった」という話、あれはどうなのでしょう？　食べ物が少なかったその時代に、丸々太ることができたのでしょうか。

この点につきリサーチしてみると、確かに女性に関しては、太っていればいるほど美人であり、痩せ型は好まれなかったようです。ハワイ文化の権威、故カヴェナ・プクイ女史によれば、娘が痩せていれば母は心配し、太らせる努力をしたよう。一説によれば、それはタロイモで作るポイをたくさん食べさせることだったとか。

庶民の娘が太るほど食べられることは珍しかったかもしれませんが、少なくとも王族女性は太っていた、または太る努力をしていたのは確か。カメハメハ大王の妃カアフマヌも巨体で知られています。カメハメハ大王のひ孫でどっぷり太っていたルース王女に関しては、一度にハウピアパイ（椰子の実のミルクをベースにしたお菓子）を13枚食べた、なんて逸話も残っているほど。

また古い記録を見ると、ある理想的な美女が「満月のように丸い顔」を持っていたと賞賛され、ある王族の娘は「それほど大きくはない。けれどきれいな顔をしている」と、大きくないのが残念とばかりに描写されています。

ただしこれが男性となると話は別。男性が太ることは良しとしなかったようです。というのも古代ハワイで男性は、基本的に戦士でした。いざとなれば戦争に出かけなければなりません。それがブクブクに太っていたら…勇ましく戦うなんてことはできませんからね。

王族男性であっても同じこと。王族だからと安全圏でごろごろするのではなく、ハワイの王族は必ず、優れた戦士であり、自軍の先頭で戦いました。カメハメハ大王がそのよい例。確かに、古代ハワイのスケッチを見ると、女性は太った人が多いようです。でも男性はそうではない。筋骨隆々は求められても、太った男性は男として失格だったからなんですね。

ですから男性に限っては、俗にいうダイエットもしたそう。ちょっと太りすぎだなあ、と思ったら。男性はカヴァ酒を大量に飲んだそうです。食事はとらず、カヴァだけで過ごす。…これも肥満同様に、体に悪そうですけれど。

現代ハワイでは肥満は男女共通のものですが、女性の場合は医者に健康上の理由からダイエットを勧められても、断る人がいるそうです。「だって夫は、太った女性が好きなんです」なんて。

もしかしたらハワイでは、今もほんの少し、「肥満は美」という文化の影響が残っているのかもしれません。

これもまた困ったものですね！

豆知識
カメハメハ大王…P216
タロイモ…P218

第3章 41. 古代ハワイにもいた飛脚

強靭なランナーが昔、ハワイの野山を駆け巡っていた

上のイラストのハワイアンは、ちょっとコワモテですが、戦士ではなく……。古代ハワイで活躍したランナーだそうです。

ランナーといってもスポーツ選手という意味ではなく、飛脚、と説明した方がいいかもしれません。古代ハワイでは走るスピードとその粘り強さによってランナーが選ばれ、酋長の伝言を運ぶ役割をしました。ハワイ語ではクキニと呼ばれます。クキニは風のように走ったそう。クキニを描いたとされるペトログリフ（ハワイの絵文字）を見たことがありますが、まさにランナー風に、跳ねるような姿が描かれていました。

クキニは酋長の様々な伝言を運びましたが、ハワイアンが文字を持たなかった時代のことです。全て口承での伝言だったのでしょう。ということは、クキニは、体力だけでなく知力も優れていたことになりますね。また宣戦布告をする際、クキニには免責の政治特権が認められ、敵は絶対にクキニに手を出さない決まりでした。

クキニは伝言係というだけでなく、時には酋長に魚を届ける、なんて役割も果たしたよう。カメハメハ大王にはマココという優れたクキニがいて、ある時マココはハワイ島コハラコーストを出発し、ヒロで魚を採り、またコハラコーストに戻ってカメハメハ大王に献上したとか。それも1日のうちに！

コハラからヒロといったら、あのビッグなハワイ島を半周するような形です。車でも2時間はしっかりかかります。ルートがわからないので推測になりますが、カメハメハ大王像のあるハヴィからヒロまでが81マイル、つまりザッと130キロ！　フルマラソンの3倍近くの距離がありますよ。古代ギリシャのマラトンも顔負け、という感じですね。

しかも。カメハメハ大王の元に到着した魚はまだ生きていて、まばたきしていたというから驚きです。いったい、どんなスピードでマココは野山を走り抜けたのでしょうか。大王はその活きのいい魚を、さぞ楽しんで召し上がったことでしょう。…ハワイアンって、海でも、そして山でも野原でも長けた、強靭な民族なんですね。

豆知識

カメハメハ大王…P216
ペトログリフ…P219

第3章

42. ダウンタウンの大砲の過去

ダウンタウンにひっそりと置かれた大砲も昔、輝かしい役割を担っていた

ホノルルのダウンタウン在住の私にとって、ダウンタウンを山側からホノルル港へと貫くフォート・ストリートも、お気に入りの散歩コースの1つ。通りの一部は歩行者天国になっており、青空市が出たり、周辺にはカフェやデパートのメイシーズがあったり。ブラブラそぞろ歩くには楽しい、賑やかな通りと言えるでしょう。

そんなフォート・ストリートの地名につき、先日ふと調べてみました。すると意外や意外。ホノルル港に面したこのストリートの端に昔、砦（Ｆｏｒｔ）があったので、フォート・ストリートと呼ばれるようになったのだそうです。

そういえば、まさに砦のあったその場所（ニミッツ・ハイウェイとフォート・ストリートの交差地点）は現在、小さな公園になっていて、大砲が一つ置かれています。何の説明書きもないので日頃から「これは何だろう?」と思っていたのですが、あの大砲にも、しっかりと歴史があったのですね。

なんでもその砦はホノルル港の守備のため1816年に造られ、1857年まで立派に機能していたのだそう。1816年といえば、時はハワイ王朝時代の最盛期。ちょうどカメハメハ大王の治世でした(カメハメハ大王は1819年に死去しています)。1778年にイギリスのクック船長がハワイを発見し、外国との交易も始まっていたハワイ。ホノルル港もしっかり保護する必要があったのでしょう。

当時その砦には、40砲もの大砲がホノルル港に向かって配置されていたのだそうです。1857年、砦の閉鎖とともにそれらの大砲はあちこちに持ち去られましたが、一部は祝砲用として、パンチボウルの丘に設置されたとか。今度はホノルル港に入る船を撃沈するためではなく、歓迎するという新たな役割を得た、ということですね。そして1938年、その大砲の一つを記念碑として砦のあった場所に戻し、その通りがフォート・ストリートと名づけられたというわけです。

ちなみに、同じようにホノルル港の砦からパンチボウルの丘に移されたもう一つの大砲は今、ワイキキのフォート・デルッシーにある陸軍博物館に展示されています。

一見するとなんの変哲もない、古い大砲なのですが…。こんな歴史を知ったうえでよく見ると、なんとも趣きのある、歴史の生き証人?　のように見えてくるから不思議です。

豆知識

カメハメハ大王…P216

ホノルルのダウンタウンのカメハメハ大王像から徒歩約5分。S.キング・ストリート沿いを西方面に歩き、フォート・ストリートで左折。ニミッツ・ハイウェイとの交差地点にあるウォーカー公園内。噴水横。

第3章

43.

ポカイベイの神殿

王族の若者が昔ここに集まり航海術のABCを学んだ

皆さんは、オアフ島西部のワイアナエ地方に足を伸ばしたことはありますか？　ホノルルから車で約1時間。カントリーの雰囲気いっぱいの海辺の町であり、ハワイアンをはじめポリネシア系住民の多い地域です。かの小錦の生まれたナナクリも、ワイアナエの一部。ハワイアンミュージックの大御所、マカハサンズの出身地マカハも、ワイアナエです。なにせ地元の人々以外、観光客は滅多に足を踏み入れない地域ですから、私のような外国人は目立ってしまって行きづらいというか…。正直、行くのが少し怖い、辺境の地なのです。

そんなこんなで、ワイアナエのポカイベイと呼ばれる海辺のエリアは、ぜひ訪れてみたい海岸だったものの、行く機会がありませんでした。ポカイベイは、11世紀前後にタヒチ（もしくはマルケサス）からやってきた大酋長ポカイが上陸した地点とされ、ポカイの植えたヤシの木の林が広がる風光明媚な土地として有名です。そのヤシの林の美しさは古いチャント(詠唱)にも詠われているほど。今は林…といえるほどのヤシの木はすでになく、数本が残るのみですが、そんな古い歴史の残る地域ですもの。ぜひ、見たかったのです。

私が常々ポカイベイに行ってみたかった理由は、もう1つ。それは、ここに大きなヘイアウ、クイリオロア・ヘイアウがあるからなんです。

古代の神殿であるヘイアウといっても、戦いの神のためのヘイアウや平和と豊穣の神のためのヘイアウなど様々。またヘイアウは祈祷の場所というだけでなく、カフナ(一般的に祈祷師。ですがある分野の専門家との意味もあります)の拠点という意味合いも持ち、ある時は医術のカフナが人々を癒す病院のような場所だったり、医術を教える学校のような役割をも果たしていたようです。

そしてこのクイリオロア・ヘイアウは、ハワイをはじめポリネシア各地で崇拝される戦いの神、クーを祀るヘイアウであると同時に、航海術のエキスパートであるカフナが支配するヘイアウでもありました。昔カフナはこのヘイアウに若い王族を集め、大海原を旅するのに必要な様々な知識、つまり潮流や波、風、星、雲の読み方を教えたのだそう。ホクレア号の航海で日本にもお馴染みだと思いますが、ハワイアンは航海のエキスパート。大昔、なんの科学的な手段も持たずに星の位置や潮流の方向などを解釈しながら、広い海を自在に行き来したのですものね。

クイリオロア・ヘイアウは岬の先端に位置し、三方を海に囲まれて建っているので、海の様子を勉強するにはまさに最適。実際、海に突出するようにして建つヘイアウの先に立っていると、まるでカヌーの先端に立っているかのような錯覚に陥るほどです。このヘイアウなら、海の様子や空を学ぶのに、ピッタリだったはず。夜の闇も深いでしょうから、星を学ぶのにも最適の場所だと思います。

…この日お話を聞いた男性は、ワイアナエ出身のクムフラ（フラの教師）でした。クムフラによると、なんでもクイリオロア・ヘイアウは航海術を教える場だっただけではなく、ワイアナエ地方の見張り台のような役割も担っていたとか。なにせ素晴らしく見晴らしがいいので、もしもよそから見知らぬカヌーがやってくれば、一目瞭然だったわけですね。もしくは、魚の大群が近づいてくるのも即、察知できます。この見張り台から太鼓を叩いてもほら貝を吹いても、きっとワイアナエ中に響きわたったはず、とクムフラ。いずれにしろこのヘイアウは、ワイアナエの要所だったことは間違いないようです。

クイリオロア・ヘイアウはポカイベイ・ビーチパークの海側の端に建っており、週末にはピクニック客なども訪れるのですが、なにせポカイベイは「辺境の地」。人気のない夕暮れなどに訪れるのはオススメできないので、そのあたり、どうぞご注意くださいね。

豆知識
クー（ハワイの4大神）…P216
カフナ…P217
ヘイアウ…P217
チャント…P217
クムフラ…P219

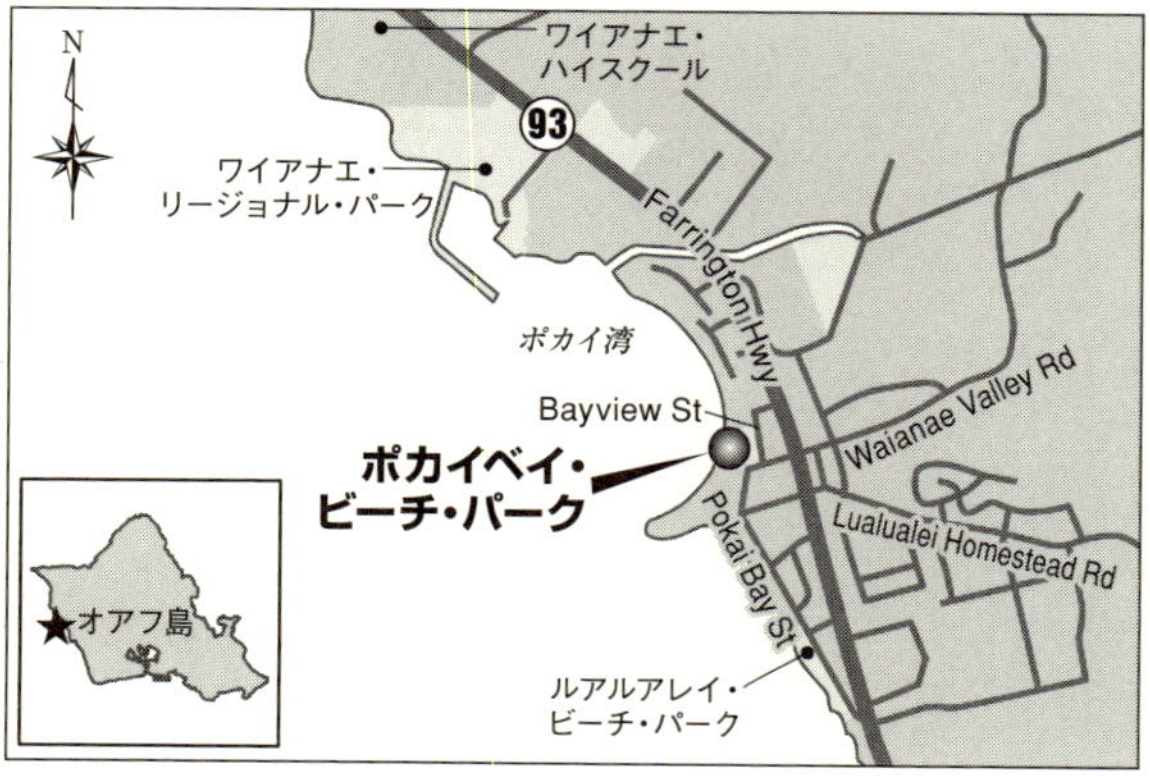

ホノルルからH-1フリーウェイに入り、フリーウェイの終点へ。そのままファーリントン・ハイウェイに入り北上。ワイアナエ・バレー・ロードを過ぎて間もなく、ベイビュー・ストリートを左折。海側にポカイベイ・ビーチパークがある。

第3章
44. ボールドウィン家とハワイアン

宣教師＆偉大な医師だったボールドウィン氏が暮らしたラハイナの家

マウイ島ラハイナの目抜き通り、フロント・ストリートを歩いたことがありますか？もしもある方なら、そのほぼ中央に位置するボールドウィンハウスを、見かけたことがあるのではないでしょうか。石造りの2階建ての家は今、博物館になっており、1階にはギフトショップも入っています。

この家は元々、ドゥワイト・ボールドウィン氏が1834年から1868年まで住んだ家だそうです。ドゥワイト・ボールドウィンといえばパイオニア的な、ごく初期のアメリカ人宣教師。その息子が友人と創設したアレキサンダー＆ボールドウィン社（A＆B）といえば、今でもハワイを代表する大企業。そもそもは砂糖製造業からスタートし、現在はあのマトソンを運営する海運業や、不動産の分野でもハワイのビジネス界に君臨しています。

A&B社についてこれくらいの知識しかなかった私は、アレキサンダーとか、ボールドウィンとかという名前に、あまりよい印象を持っていませんでした。昔々の宣教師の子孫が土地持ちになり、結果大儲けしてその子孫全てが大金持ち…という構図、ハワイでは結構あるんです。なんだか、あまり気持ちのよい話ではないような。というのも本来は宗教家だった人々の子孫が、ハワイの土地を乗っ取ったような感じがしてしまうからです。そう思いませんか?

ですが前回マウイ島に滞在した際、ボールドウィンハウスの説明書きをよく見てみると。初代ボールドウィンさんは、宣教師とはいえ、本職は医師だったのですね! イエール大学を出て、ハーバード大学院で学んだ、それは有能な。そもそもはハワイで医療活動をするため、宣教師の身分でマウイにやって来たのだそうです。それも、赴任する宣教師は妻帯者でなければいけないとの規則があったので、ハワイ入り直前に妻を娶ってまで…。

当時のハワイといえば、はしかや百日咳、天然痘などの大流行で、大量の死者が出ていました。ボールドウィン医師はマウイ、そしてモロカイ島、ラナイ島の病人に献身的に尽くしたそうです。特に1853年の天然痘の流行の際、ハワイ各地で数千人の死者が出ましたが、マウイではわずか250人が亡くなったのみ。それと言うのも、ボールドウィン医師がワクチン接種や病人隔離を積極的に進めたお陰だそうです。初代ボールドウィンさんは強欲な宣教師などでは全然なく、英雄だったのですね。…長年の誤解を、ここで心からお詫びしたい気持ちです。

実は以前、ボールドウィン家の一員と、ごく軽く接触する機会がありました。それはマウイ島のフラ・ハーラウ（フラの学校）を取材した時のことでした。クムフラ（フラの教師）が1人の青年を指差し、こっそりと「あの青年は、ボールドウィン家の出身なんだよ」と教えてくれたからです。彼はロングヘアのハンサムさん。髪をハワイアン風にアップにまとめ、フラを踊っていました。スラリとしたハーフ顔の素敵な男性でしたっけ。若いのにベンツでフラのレッスンに駆けつけてきたのを、先に目撃していましたが、彼がボールドウィンの一族と聞いてそれも納得。

で、クムフラがまた、ポツリと一言。

「彼のお母さんはハワイアンなんだけどね。ボールドウィン家の中でハワイアンと結婚したのは、彼のお父さんが初めてだそうだ」

…初代ボールドウィン氏がマウイ島に移ってきてから、約170年。その間、誰も、土地のネイティブであるハワイアンと結婚しなかったというのです。

これを聞いて、複雑な気持ちに陥りました。ハワイアンとの結婚が今の今までなかったというのは、やはり不自然。どうしても「ある意志」のようなものを感じてしまいます。

初代ボールドウィン氏を讃えた後で話が矛盾しますが、やはり、その子孫一族の中では、ネイティブ・ハワイアンと自分達は違う…といった、ある種のプライドが働いていたのかもしれません。

レッスンの後には皆で食事に出かけ、その話をボールドウィン青年も交えてするチャンスがありました。「あなたのお父さんは偉い！ 立派な人ですね」と、よけいなことを言ってしまったのは私。でも本当にそう感じたのだから仕方がありません。ああ、あの青年は今でも元気にフラを踊っているでしょうか。今も堂々と、「ハワイアン道」を極めていることを祈ります。

豆知識
クムフラ…P219

ラハイナの中心、フロント・ストリートとディケンソン・ストリートの角近く。賑やかなショッピングエリアの一角にある。

CHAPTER 04

Various Light Tales of Hawaii

ハワイの四方山話

第4章
ハワイの四方山話

奇々怪々でもなく歴史秘話というほどでもないけれど、ぜひシェアしたいハワイの意外な話の数々を、最終章でまとめて紹介。私的な想いに溢れたとりとめのない話の中に、等身大のハワイを見出していただけたら本望。また賛否両論の繊細なテーマから、ハワイの現状や知られざる実情を感じとっていただけたら嬉しいです。

第4章

45. フラの女王のハワイアンネーム

2001年度ミス・アロハ・フラ、ナターシャの名も長い

数年前ハワイ島ヒロで、世界一のフラの祭典とされるメリー・モナーク・フェスティバルを観賞したことがあります。連夜、熱いフラの連続で、生涯忘れられない時間を過ごしました。

大会の初日には、毎年ミス・アロハ・フラの競技があります（18歳～25歳の独身の女性ソロ・ダンサーが参加する部門。いわば「フラの女王」の座をかけて競うわけです）。私が観賞した年の優勝者は、ハワイ島コハラ出身のダンサー、バーニス・アロハナマカナマイカラニマイ・デイビス・リムさん。…長いお名前ですね。この立派なハワイアンネームの意味は「天国からの愛の贈物は戻ってくるであろう」のような意味だそうです。なんてディープ！

こういった長い名前の持ち主は、なにもバーニスさんに限ったことではありません。

ちなみに過去のミス・アロハ・フラ優勝者のリストを見てみると、マリア・エミリー・カウイラニオナプアエヒイポイオケアアヌエヌエオケオラ・フランシスコさん（2005年）、ナターシャ・カマラマラマオカライロコカプウワイメハナオケケイキプナヘレ・オダさん（2001年）などなど……。皆さん、凄まじい長さ。

ハワイでは、名前というのはその人の人生にも影響を与える、精神性の高いものとされています。名前自体がマナ（霊力）を持つともされ、そのため名を付ける側も、海のように深い想いを託すのでしょうね。

そこは日本人の名前も同様でしょうが、ハワイアンネームの長さはまさにジュゲムジュゲム……の世界で桁違い。しかも長いハワイアンネームの各パーツが単語として意味を持ち、それぞれ1つの名前として独立できる感じで。たとえばバーニス・アロハナマカナマイカラニマイ・デイビス・リムさんのハワイアンネームを例にとると、アロハ（愛）さん、ナカマ（子）さん、カラニ（天国）さんなど、いくつもの名前に分けることができそう。

こういう長い名前を日本風に付けるとなると、「田中桜子・幸与・美絵・愛子・教実・清恵・純・花枝・波乃・優華・雪葉」みたいなことになるわけですね。…こうして考えると、ハワイアンネームの奥深さが、しっかり実感できるような気がします。

それにしても。こういった超立派なハワイアンネームの持ち主は、それが正式な名前だった場合、パスポートの名前の記載や銀行など各種書類に名前を書く時、どうしているのでしょうか？　書くスペースもなければ、書く手間も大変そう。そもそも、自分でも自身の名前を間違えて記してしまいそうですよね。それとも、イニシャルだけで済ませてしまうのでしょうか？　そのあたり、今度誰かに聞いてみたいものです。

豆知識

マナ→P217

第4章

46. 名曲プアマナの舞台

名曲「プアマナ」ゆかりのヤシの木は今もラハイナに

プアマナ〜、クウホメ・イ・ラハイナ〜♪

（プアマナ、ラハイナの私の家よ）

と謳う名曲、「プアマナ」。人気のフラソングですから、フラを踊る方なら必ず、この曲を聞いたことがあるでしょう。マウイを代表するハワイアンソングの1つとも言えるかもしれません。私にとっても、大変数少ないフラ・レパートリーの1つ。大昔、フラを習っていた時代に、踊ったことがありました。

曲の作者は、イルムガード・ファーデン・アルリです。この曲はファーデン一家が住んでいたラハイナの美しい屋敷を謳った歌で、お屋敷はその名もプアマナというんですね。イルムガードの英語の歌詞を、1935年、父チャールズがハワイ語に訳してくれたのだそうです。

屋敷はラハイナの中心地フロント・スト

リート沿いに面した海沿いの土地に建っていたそうで、イルムガードが4歳だった1915年に、一家はこの家に移り住みました。一家には12人の子どもがあり、プアマナは6寝室もある2階建ての大きな家だったとか。一家はこの家で幸せな時間を過ごし、その良き時代を謳ったのがこの名曲です。

イルムガードの回想によると、子ども達は1人ひとり、この家に引っ越した後にヤシの木を植えたそうです。それぞれのヤシの木の合間にもヤシは植えられましたが、子ども達はどれが自分の木であるかしっかり覚えていて、成長を競ったりもしていたそう。そんなわけでイルムガードのヤシの木への想いは特に強く、歌の2番に「…私の家よ。堂々と立つヤシの木に囲まれて…」のような歌詞があるのも、そんな理由からなんですね。

プアマナの家は後に売却され、一帯は再開発されましたので、今では当時の面影はないのですが、家に隣接していた海辺の土地は州立公園となり、プアマナ・ビーチパークと名付けられました。今でもこの公園には、ファーデン一家の子ども達の植えたヤシの木から広がったヤシの林の名残りがあります。

この公園の周辺にはさらに、プアマナ・リゾートホテルとか、プアマナ・タウンハウスとか、プアマナ絡みの名が付いた建物がいろいろ。なんといっても「プアマナ」は、ハワイで知らない人がいないほどの名曲ですからね。もっとも、ファーデン一家が引っ越す前から、その地域全体がプアマナと呼ばれていたそうです。本来はカウアパウピリとの地名があったのですが、近くにマナという名の酋長が住んでおり、彼が人々を助ける立派な酋長だったことから花に喩えられ(花はハワイ語でプア)、その地もプアマナと呼ばれるようになったそうです。お屋敷自体もプアマナと呼ばれていたので、ファーデン一家はその縁起のよい名前をそのまま引き継ぎ、後の名曲が生まれることになった…ということです。

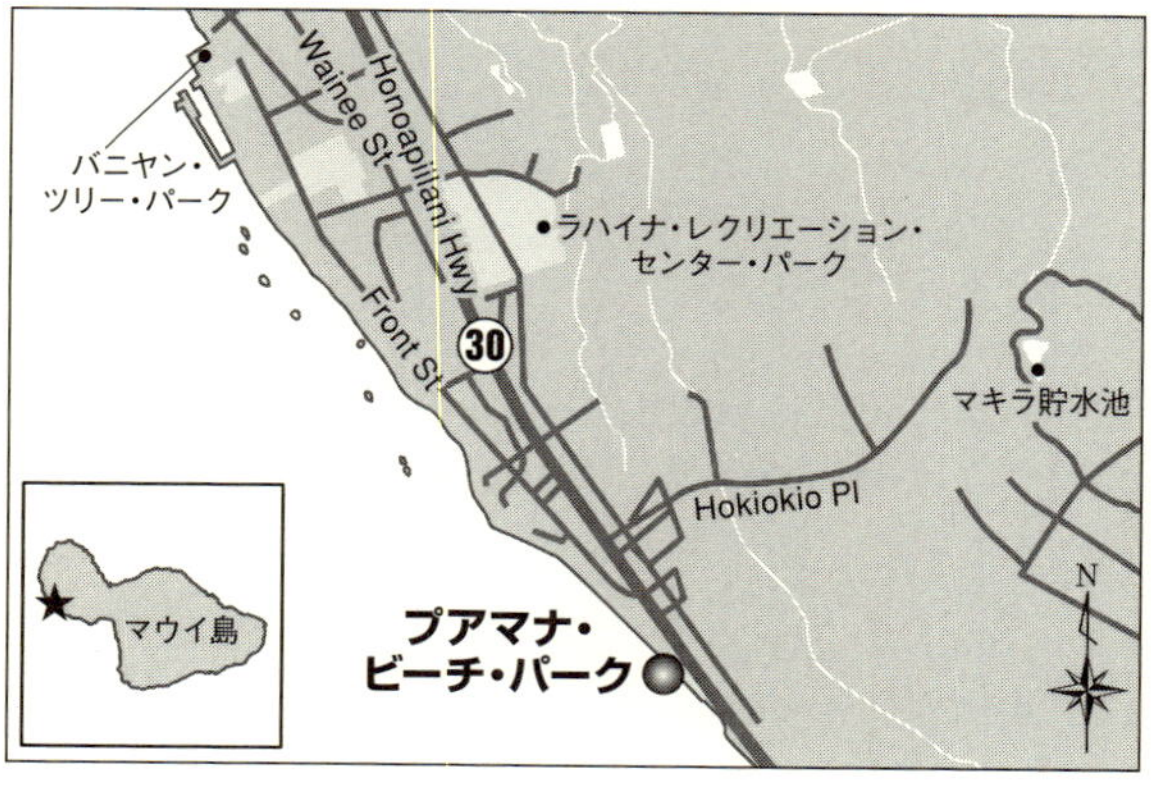

ラハイナの中心を貫くフロント・ストリートから車で10分足らず。ホノアピイラニ・ハイウェイに出て、キヘイ方面（カアナパリとは反対方面）に進むと右手にある。

第4章

47. ハワイのお葬式事情

ハワイの葬式風景は、アメリカ本土とも、もちろん日本とも大違い

私の住むホノルルのダウンタウンには、葬儀場が3つもあります。ちょうどヌウアヌ・アベニューとククイ・ストリートの角に3つ集まっていて、うちのコンドミニアムの窓からもバッチリ、眺めることができます。

これらの葬儀場には外部から牧師や僧侶を招いて葬儀を執り行うためのホールと、霊安室、それに遺体を火葬にふす施設があり、それぞれ霊柩車も数台持っておられるようです。

え？　ハワイにも霊柩車があるのかって？　それがあるんです。ライトバンをひと回り大きくしたような感じで、一見してそれがすぐ霊柩車とはわからないかもしれません。私も日頃さんざん見ていただろうに、教えてもらうまで霊柩車とは知りませんでした。ただライトバンにしては、棺を入れられるよう後部がさらに長く、しかも後部の窓が丁寧にレースで包まれていることぐらいが特徴でしょうか。

ハワイでも何度かお葬式に出ましたが、日本とは随分様子が違って、面食らうこともたびたび。たとえば、まずハワイのお葬式は、趣向たっぷり。歌あり、フラあり、スライドショーやビデオ上映ありで、日本の結婚披露宴も顔負けです。もちろんどんちゃん騒ぎではなく、式は静かに進行します。が、職場の仲間がピアノの弾き語りをしたり、孫一同が集まって合唱したり。いろいろな趣向で死者を讃え、生涯を記念するのがハワイのお葬式です。

そして何よりの違いは服装でしょう。葬式で黒を装う習慣はハワイにはありません。強いてドレスコードを挙げるならば、アロハウエア。男性はアロハシャツ、女性はムウムウが多いでしょうか。色は赤でも黄色でも、何でもＯＫ。特にハワイアンのお葬式はカラフルな感じです。ジュエリーも「真珠に限る」なんてルールはもちろんナシ。みなハワイアンジュエリーを多数つけたまま、葬儀に出席しています。

それもここ数年は、故人の家族がお揃いルックでお葬式に出るのがトレンド。中でもマヌヘアリイというリゾートウエア・ブランド（日本でもフラ・ダンサーに大人気とか）が好まれているそう。マヌヘアリイのアロハやムウムウと言えば、南国らしい派手なプリントで有名なのですが。

しかもハワイアンのお葬式なら、お棺の上にはマイレレイなどたくさんのレイが…。お棺に横たわる故人も（菊ではなく）レイできれいに飾られ、女性なら、ハクレイ（頭につけるレイ）をつけていることもあります。

もっともこれがアメリカ本土になると、日本同様、グッとシリアス。参列者の装いも黒一色。内容も弔辞くらいで、歌や踊りもナシだそうです。やはりハワイのお葬式はポリネシアの影響が色濃い、アメリカでも特別のお葬式なようです。

長くなってしまいましたが最後に、今でも印象に残るあるお葬式の話をシェアさせてください。

以前、娘のクムフラ（フラの教師）の親戚が亡くなり、葬儀に出席することになりました。家族で会場のチャペルに到着すると、なぜか賑やか。まるでパーティみたいな雰囲気なんです。見るとチャペルの入口で、クムフラが数人のバンドを引き連れてウクレレをかきならし、ハワイアンソングを歌っていました。しかもクムフラの衣装は、オレンジと緑のそれは派手なムウムウ！　髪には、よくクリスマスの飾り付けに使う金や赤のキンキラの飾りが輝いています。まるでパーティの余興に呼ばれたかのようなすごい装いで、場の雰囲気を盛り上げて？　いました。

これは日本人が見れば度肝を抜かれるというか、大ひんしゅくを買うこと間違いない光景でしょうね。でもそんなお気楽な様子が、私には嬉しかった。悲しいお葬式のムードを和らげてくれ、ずいぶん気分が楽になったのですから。

というのは、故人（30代の女性）は出産直前の臨月のある日、妊娠絡みの事故で急死。本当は、あまりに悲しいお葬式だったのです。赤ちゃん誕生という最高に幸せなイベントのはずが、一転お葬式になってしまったわけで、周囲の嘆きもひとしお。それが、クムフラの派手な衣装と軽快なハワイアンミュージックで、どれだけ救われたことか。クムフラだって、本当はお棺にすがりついて泣きたかったはずです。それでも悲しみを押し殺し、ウクレレを弾き続ける彼女。最期は楽しく、家族を送ってあげたかったのでしょうね。あっぱれなハワイアン魂でした。

そして葬儀の中盤のこと。うちの娘も含めた10数人の子どもが、フラを踊ることになりました。お揃いのムウムウを着て、祭壇の前に並んだ子供たち。クルリと参列者に背中を向けると、お棺に向かってフラを踊り始めました。お葬式のフラって、客席にではなく、死者に向かって踊るものなんですね。

「フラは神に捧げられる神聖な踊り」

そんなことを改めて実感させられた、お葬式体験でした。

豆知識
クムフラ⋯P219

第4章

48. 英雄サーファー、エディの思い出

ワイメア湾にある、ホクレア号処女航海で散った英雄の記念碑

サーファーなら。そしてハワイ好きなら。エディ・アイカウの名を必ずご存知のことでしょう。エディは1970年代に活躍したサーファーであり、オアフ島ワイメア湾のライフガードとしても有名だったハワイアンです。時には数メートルの波が訪れるサーフィンのメッカ、ワイメア湾において、エディの救った命は数知れず…。英雄的な人だったと言えるのではないでしょうか。

そんなエディでしたが、1978年に海で亡くなっています。古代ハワイのカヌーを再現し、近代機器なしで航海する双胴型カヌー、ホクレア号。タヒチへの遠洋航海に出発したホクレア号がトラブルに見舞われた際、乗組員だったエディは助けを求めてサーフボードで荒海に乗り出し、そのまま行方不明になってしまったからです。1978年3月のこ

とでした。

このホクレア号が完成したのは1975年。1976年、処女航海を終えたホクレアは、再度1978年にホノルルを出航してタヒチに向かいましたが、出航第1日目に船体が水漏れし、夜中の海で転覆してしまいました。そこで翌朝、約20キロ離れたラナイ島に助けを求めるため、1人出発したエディ。「大丈夫。僕は無事やり通せるから心配しないでくれ」と言い残して、サーフボードに乗り出立しましたが、そのまま海に消えてしまったのでした。一方、残りのクルーはハワイアン航空のジェット機に発見され、救出されたのですから、皮肉なものです。

さて、昨年のことです。ワイメアベイ・ビーチパークを訪れた際、公園の一角に、エディの記念碑があるのを見つけました。石でできたその記念碑には花が手向けられ、ティーリーフの葉で包まれた石(ハワイ式のお供え)も置かれていました。表面には、エディを讃える言葉が彫られていますが、これがまたよい内容で。以下、翻訳してご紹介しますね。

エディ・アイカウ
1946年－1978年

エディ・アイカウは1978年3月17日、ポリネシア航海協会の双胴型カヌー、ホクレアの乗組員のため助けを求めに行く途中、海に消えました。カヌーは3月16日の夜、オアフ島から約32キロの荒れた海上で転覆したのです。

エディは消え去りましたが、その名はハワイの英雄伝の記録の中で生き続けることでしょう。彼の精神もまた、ホクレアが航海する時は必ず、そして彼がホノルル市のライフガードとしてその危険な海から数千もの命を救ったワイメア湾のビーチでも、生き続けるでしょう。

彼は偉大な男であり、偉大なハワイアンでした。彼は私達の心の中で、永遠に生き続けるでしょう。

…ごく簡単な内容ですが、彼の死、英雄的な行為について、しっかり書かれていますね。もちろん私は写真でしかエディを知らないのですが、これを読んだとたん彼の死が悼まれ、悲しくなってしまいました。

一方、夫は、エディをワイメア湾でよく見かけたとか。と言っても夫は当時まだ中学生。話などしたことはなかったそうです。もっとも当時のエディは、別にセレブ的な存在だったわけではなかったのですって。もちろんサーファーとして、ライフガードとして有名でしたが、人々が遠巻きにするようなお高い存在ではなく、普通の海の男だったようです。

ただホクレアの事故の後は、やはり大騒ぎに。夫はワイメア湾でのお葬式にも出かけましたが、それはフラを踊ったりミュージシャンが歌ったりという派手なものではなく、地元のサーファー達がたくさん参加しての、シンプルな式だったそうです。

「葬式の最中でも、あのエディが死んだなんて信じられなかったなあ。今にも沖からサーフボードに乗って、エディがひょっこり帰ってくるんじゃないか。そんな気がしてしょうがなかったよ」

と夫。きっと誰もがその時、同じように感じていたのではないでしょうか。海の英雄、エディが海で死ぬなんて、バカな！と…。

　エディはこうして、皆の心の中で永遠に生き続けていくのでしょう。皆さんも、もしワイメア湾を訪れることがあったら。エディの記念碑を、ぜひ探してみてください。

豆知識

ティーリーフ…P218

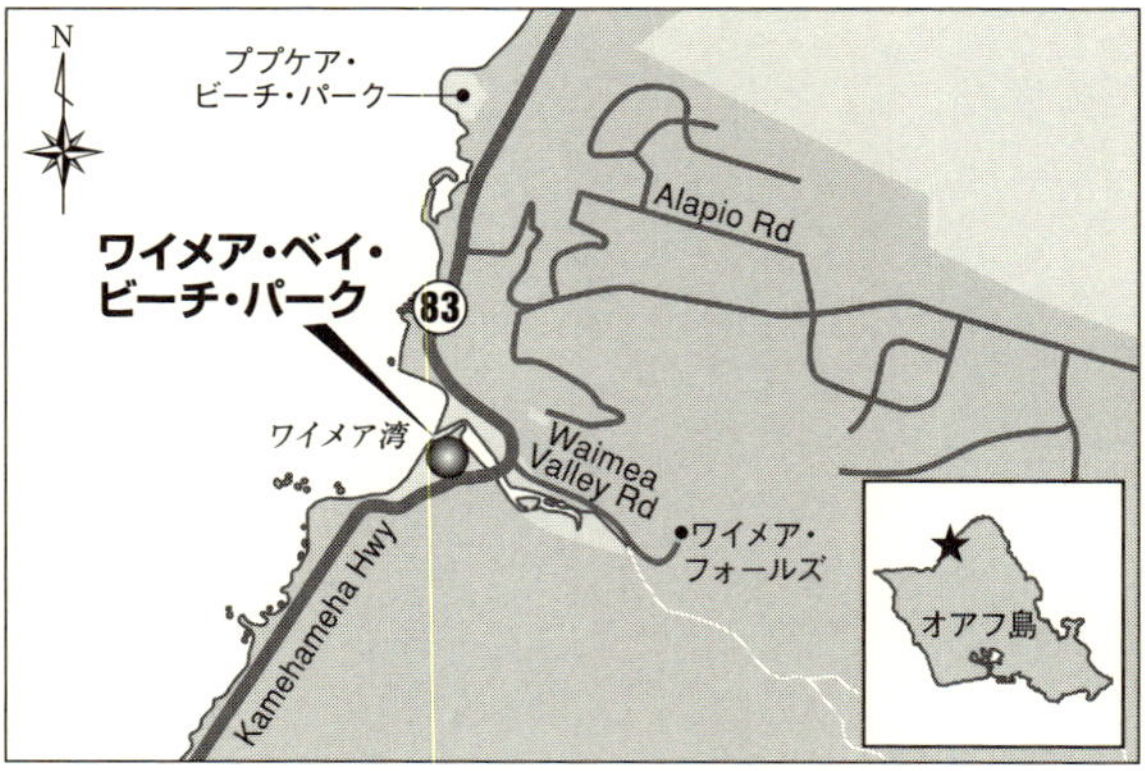

ホノルル・ダウンタウンから車で約1時間。H-1フリーウェイ、H-2フリーウェイを経てワヒアワからカメハメハ・ハイウェイに出る。ワイメア・フォールズに続くワイメア・バレー・ロードの手前、向かい側がワイメア・ベイ・ビーチ・パーク。

第4章
49. パワースポット巡りに想うこと

パワースポット訪問の際はマナーを守って。写真はクーカニロコの遺跡

ここ数年、精神世界というか、スピリチュアルブームが続いていますね。ハワイのパワースポットについても、日本人の間で大変人気のよう。かく言う私ももちろんハワイの精神世界が好きで、こうした本も書かせていただいているわけですが……。

それにしてもパワースポットって何なのでしょう？　一般論でいくと、その場に行くことでエネルギーがもらえる、パワーの源ということになります。マウイ島ハレアカラ山のクレーターなどが、私にとってはまさにパワースポットでした。クレーターでキャンプをした私は、なぜか元気溌剌に。キャンプ生活で疲れきるどころか気分も高揚し、肉体的にも活力に満ちて、ホノルルに帰って来たのでした。

ですが昨今のパワースポットとは、山や海

など自然の中の癒し系スポット、聖なる史跡、神社や寺院なども全て含めての話のよう。ハワイのヘイアウ（神殿）を、パワースポットと分類する人もいます。

ヘイアウとひと口に言っても、様々なヘイアウがあります。第3章の「ポカイベイの神殿」で述べたように、人身御供が捧げられた戦いの神のためのヘイアウだってあるわけです。

それを、どれもこれも全てパワースポットとして一まとめにしてしまうことには、私としてはすごく違和感があります。たとえばオアフ島ワイメアのプウオマフカ・ヘイアウ。イギリスのヴァンクーバー船長率いるダイダラス号の乗組員3人がここで生贄にされた話をはじめ、その怖い逸話は、前著で紹介したとおりです。けれどこのヘイアウを、「ああ、なんて清浄な場所！」と感じる日本の方もいるらしいのです。そしてここをパワースポットに数えたりも…。

私は霊感めいたものがゼロなので何も感じませんでしたが、そういえばプウオマフカ・ヘイアウでは、こんな出来事を目撃したことがあったのでした。

数年前、日本から来た一行4人をこのヘイアウにご案内した時の話です。どうやら4人は霊的に敏感な方々だった様子。ふと気が付くと、そのうち3人が早々とヘイアウから出て駐車場の隅で固まっています。

「どうしました？」

私が呑気に声をかけると、3人は口ぐちに言いました。

（まず温和な男性が思いきり顔をしかめて）

「いったいこの場所は何なのですか！」

「頭が痛い〜」
「私は歯が痛い」
…どうやら皆さんは、ヘイアウで何かネガティブなエネルギーに反応してしまったよう。一気に具合の悪くなってしまった3人を見て、私は驚きました。今まで、家族と一緒にここを訪れても、そんなことは一度もありませんでしたから。言ってみれば、ここは負のパワースポット？

それなのに。このヘイアウを聖地のように訪問して崇める人がいるのは、私にはよくわからないというのが本音です。

もうひとつ私が気にしているのが、最近のワヒアワのバースストーン、クーカニロコの異常人気です。バースストーンというのは11世紀から18世紀までの７００年間、王族女性の多数がその上で出産した岩がある聖地。その岩には産みの苦しみを和らげるマナがあるとされ、その地で生まれた王族は、天から祝福を受け、いっそう尊い人間となる…と信じられていたのでした。

それがなぜかここ数年、日本ではクーカニロコを子授け地蔵風にとらえる人が多いそう（クーカニロコに子授けのご利益があるなんて、私はそんな史実を聞いたことがないのですが）。しかもそれが高じて、この地が婚活に効く、なんて噂まで。つまり縁結びの神様のように考えている女性もいるようです。

それはずいぶんと、本来のこの地の特質とかけ離れていますよね。何でも、クーカニロコが某タレントやモデルのお気に入りのパワースポットとして紹介されてから、そんな話が広まっているとかいないとか…。どうりでこのところ、若い女性のグループをこの史跡で多く見かけるはずです。

昔はその神聖さゆえに、王族以外が足を踏み入れたら処刑されてしまったという、クーカニロコ。１０００年近い昔から、ハワイアンにとっては大変な聖地だった場所です。それを、「子授け地蔵」「縁結びの神様」のように勘違いした外国人が多数やってくるのは、どんなものでしょうか。それもタンクトップに短パンのようなごく軽装の女性達が…。

私がハワイアンだったら、不快な気分になるのは必至。自分達の聖地をいろいろなレベルで侮辱されていると感じてしまうのではないでしょうか。


以上、偉そうなことを書いた私ですが、実は私自身、このクーカニロコに失礼を働いて、叱られてしまった経験があります。神様に怒られたと言いますか。

昨年の春のことでした。仕事でクーカニロコの写真を撮る必要があり、家族で訪問しました。ところが史跡についた頃からパラパラと雨が。急いで仕事を済ませなきゃ、と、車を飛び出した私と夫。一緒だった子ども2人と義父は、車で待っていることになりました。そして雨が本降りになる前になんとか写真を撮り終わり、ホッとして帰路に着いたのです。

ところがその夜のこと。カメラから写真をパソコンに落とした後、パソコンが壊れてしまったのです。そのパソコンはまだ買って2年ほどで、快調そのもの。ふつうパソコンが壊れる時は、前兆のようなものが必ずありますよね？　なぜかよくフリーズしたり、立ちあげることができなかったり…。そんな予兆はゼロだったにも関わらずパソコンがおかしくなり、結局そのまま使えなくなってしまったのでした。

もちろん新たなパソコンをすぐ買い、気を取り直してクーカニロコについての調べものなどしていると。ウェブサイト「ハワイの歩き方」で、クーカニロコや、聖地を訪れる際のマナーに書かれた記事を見て、私は愕然としてしまいました。

ご本人にお許しをいただいて記事の内容を簡単に説明すると、それは野崎彩子編集長（当時）が、聖地を訪れる時はマナーを守ろう、といったことを、ハワイアン牧師であるカイミロア・ダハンさんに取材する形で書かれたものでした。

カイミロアさんいわく、聖地を訪れる際はまず自己紹介して訪問の理由を述べ、入場の許可を求める。ハワイアンならチャント（詠唱）を唱えたりするけれど、外国人は自国のやり方でよい、と言ったことでした。ようするに、ハワイ語でお願いしなくともＯＫ、私達は日本語で心をこめてやればよいということなんですね。

そうでした。そういうことを、私は知っていたはずなのに。前著にもそういったことを書いていたはずなのに、今回私は、全てすっ飛ばしてしまったのです！　雨が降る中、早く写真を撮らねばと気が焦るあまり、クーカニロコに走って入りバチバチと撮影し、そのまま走り去ったのでした…。

記事中カイミロアさんは、入場してよいかどうかのサインの読み方も話していました。そのいくつかのＹＥＳ、ＮＯのサインの中には、体調、中でもお腹に変調を感じたらＮＯであると。

さらに野崎編集長はほかの記事でも、クーカニロコを訪れた際、同行した人が帰宅後、嘔吐。もう1人、一緒に来るはずだった人が激しい吐き気で来れなくなった、という逸話をシェアされていました。

これらを見て、「ハッ！」とした私。というのは、クーカニロコで写真を撮ったその夜、夫もまた激しい腹痛と吐き気に襲われたからです。家族の中で主人だけが、なぜか。

一連の出来事を論理的に説明することは難しいですが…。私達はやはりあの時、クーカニロコにきっぱりと拒絶されていたのだと思います。きちんと礼を尽くさずに入場したために。それもそういった儀礼を知らなかったためではなく、知っていて無視した形になったのですから。神様だって怒りますよね！　後日、大反省したことは言うまでもありません。

もしかしたらクーカニロコが特別パワフルな場所なのかもしれませんが、いずれの聖地を訪れる場合でも、これからはしっかり礼を尽くして訪れるもりです。

皆さんも、私のように神様に叱られないよう、どうぞお気をつけて。

豆知識
ヘイアウ…P217
チャント…P217
マナ…P217

第4章

50. 消えたヒーリング・ストーン

大理石の廟の中には御神体の写真だけが飾られていた

ワヒアワのヒーリング・ストーンといえば、不思議な癒しのパワーを持つ岩として知られます。1920年～40年代にはハワイアンをはじめ日系、中国系、フィリピン系などノースショアの砂糖きび畑やワヒアワのパイナップル畑で働く移民達も、手に手にお供えを持って集まってきたのでした。

ところが。このヒーリング・ストーンが2010年6月に持ち去られ、立派なインド大理石の廟が空っぽになるという騒ぎが起きました。

持ち去られた…と言っても、何もいたずらで何者かに盗まれたわけではありません。誰がいつ、どうして持ち去ったのかはわかっています。それは、近くにある史跡、クーカニロコを管理するハワイアン団体のしたことだったのです。

その結果、ハワイのヒンドゥー教徒は嘆き悲しみ、ハワイ内外のインド系メディアにも大きく取り上げられることになりました。

というのも、このヒーリング・ストーンはハワイアンの神としてだけでなく、過去20年ほどはヒンドゥー教徒にもシバ神の化身として崇拝されていたからです。実はヒーリング・ストーンが収まっていた大理石の廟も、ヒンドゥー教徒が1996年に寄贈したもの。ヒンドゥー教徒もハワイアンと並んでこの岩の世話をし、拝んできたのですが、それが2つの民族の間でちょっとした摩擦を引き起こしていたのは事実。

そしてその結果が、今回の騒動につながったというわけです。端的に言うと、ハワイアン団体が「ヒーリング・ストーンはハワイアンのものだよ。ハワイの神だよ。ヒンドゥー教徒のものなんかじゃないよ」として、ヒーリング・ストーンを持っていってしまった…という顚末なのでした。

実際、当のハワイアン団体の代表、レンチャンコ氏は、ホノルルの英字紙の記事中こう語っています。

「今回ヒーリング・ストーンを移したのは、ただ先祖のご意思に従ったまでなんだ。それだけ。私達は聖なる物事をきちんと世話する義務があります。先祖は我々に告げました。ヒーリング・ストーンを本来の場所に戻す時期がきたと。だからその指示に従った。我々がちゃんと先祖の面倒を見れば、先祖も我々の面倒を見てくれますからね」

レンチャンコ氏は、ヒーリング・ストーンの鎮座していた土地の地主に許可を取り、岩を持ちだしたそうです。今ヒーリング・ストーンは「ある場所で休んでいる」とレンチャンコ氏は言います。

「次のステップなんて今のところありません。先祖が何かするように言えば、従うまで。でも今ヒーリング・ストーンは、静かな場所で休み、エネルギーを補給する必要があるんです」

いったい、今ヒーリング・ストーンはどこにあるのか？　この後どうなるのか。…レンチャンコ氏の受け答えからは、何もわかりませんでした。

う〜ん。いくらハワイアン団体だからといっても。ヒーリング・ストーンを私物化し、勝手にどこかに隠す権利が彼らにあるのでしょうか。記事の中では、ヒンドゥー団体の代表者もまた言っています。

「過去21年間にわたり、私達はヒーリング・ストーンの世話をしてきました。1つのグループが一方的に岩を持っていってしまうなんて、アンフェアではないでしょうか。グループのメンバーは動転しています」

私も同感です。いくら地主に許可を取ったからって。いくら歴史的にヒーリング・ストーンが先にハワイアンの崇拝対象だったからといって、20年以上にわたってほかの団体、民族が崇めてきたその岩を、何の相談も通達も事前になく、急に持ち出すのはどんなものでしょう。

同じハワイアン団体の女性は、こんなことも言っています。

「ヒンドゥー団体が長年、ヒーリング・ストーンを世話してくれたことには心から感謝します。でもこれは、ハワイアンの像であって、ヒンドゥー教の像ではありません。あの人達がヒンドゥー教の神像をここ（廟）に持って来て、崇拝してくれるとよいのですが…」

この一件を伝える記事は賛否両論を巻き起こし、ウェブサイト上に寄せられたコメントは実に様々でした。

私は、特に以下のコメントに大きくうん、うんと頷いてしまいました。

「子どもの頃、（ヒーリング・ストーンのある）カリフォルニア・アベニューに住んでいた。いつも岩の落ち着いた雰囲気を、感じていたものです。その頃は誰も岩をきれいにしたり、拝んだりしていなかった。…そして83年後の今になって、私達の先祖が、どうやってレンチャンコ氏にコンタクトし、岩を動かせと言ったというのでしょう。すんなり信じられる話ではありませんね」

ちなみにこの男性はハワイアンだそうです。

また、こんなコメントも。

「ハワイアンは（岩を）シェアしたくないんだね」

「ハワイアン民族主義者が、ムスリム過激派みたいにふるまう機会を与えられたということだ。さあ、これからどうなるか」

確かに歴史上、こういったことが原因で争いが起きていますよね。仏像の争奪戦とか、聖地の奪回とか…。ハワイアン団体にもいろいろ言い分があるでしょうが、いずれにしろ、事前にきちっとヒンドゥー教徒側と話をしてほしかったナ、と私は思います。

今後私達が再びヒーリング・ストーンを目にする日は、いつか来るのでしょうか？

第4章

51. ハワイで貝殻を探す方法

ハワイのビーチで拾い集めた貝殻。捜せばハワイでも貝殻が見つかる

小さな頃から、私は貝殻が大好きでした。江ノ島や油壺など、海辺の行楽地に行けばお小遣いで貝をせっせと買い集め…。小学生の頃には、ちょっとしたコレクションを持っていたほどです。

もちろん美しい貝殻を浜辺で見つけられたらベストですが、せいぜい鎌倉海岸でピンクの桜貝を見つけたくらい。それでも、それは嬉しかったです。

また私が育った横浜の根岸は海を埋め立てた土地ですから、その辺りの土を掘って古い貝を探したりも（たまに巻貝などが出土しました）。時には母親が飼っていた海水魚の水槽の砂の中から、小さな貝を見つけたり。そう、自他ともに認める貝殻狂いだったわけです。

こんな私がハワイにやってきたのが、20年前のこと。南の島といってもハワイは都会です。さすがの私も、ビーチで貝殻を拾う…なんてシチュエーションは想像していませんでした。ハワイの海はきれいですが、私が子供の頃から夢想してきた美しい、芸術的な貝殻が拾えるなんて、それこそ夢物語とでも言いましょうか。考えもしなかったのです。

ところが。ハワイでもビーチによってはまだ美しい貝殻が拾えることを、ハワイアンの夫から教わりました。夫によれば、それは珊瑚礁がまだ生きている、澄んだ海でなければいけません。人の少ない清らかなビーチには、驚いたことに、今だ美しい貝が生息しているのでした。

私がハワイで初めて麗しい貝殻を拾ったのは、とあるノースショアの静かなビーチでした。夫がふと立ち止まって足元を指差しました。「え?」。意味がわからないまま足元を見ると…。砂の上には、いつも私が海辺の行楽地のお土産屋さんで買い漁っていたような見事な南の島の貝殻が、ポツン、と置かれているではありませんか。

「え? これ本物?」

まず私の頭に浮かんだのが、そんな疑問でした。本当にこんなきれいな貝殻が落ちているなんて。

「これ、誰かがワイキキで買ってきた貝を、落としたのじゃないかしら?」

思わずそんなことを口走ってしまい、夫に大爆笑されたのを覚えています。それくらい衝撃の体験だったわけです。

それ以来、夫とともに貝殻の落ちていそうなビーチを巡ること20年。それは美しい数多くの貝殻に出会うことができました。

おまけに。偶然ですが、夫の母親はなんとシェル・アーティストでした。貝殻でアクセサリーを作る…。そう、貝殻を利用して、仕事していたんですね！　結構有名なミュージシャンも顧客にいたりして、そんなわけで義母と私達はよく週末に、一緒に貝殻拾いに出かけたものです。

そんな私に、日本に住む姉は言いました。

「さぞ嬉しいでしょうね？　小さな頃からあんなに貝殻狂いだったあなたが、シェル・アーティストのお義母さんを持てたんですもの…」

ズバリ、図星でした。しかも義母からハワイの海で貝殻を探す方法、穴場スポットなどをたっぷり伝授され、加えて貝殻のアクセサリーの作り方まで教えてもらって。私の貝殻を愛する心は、ハワイでますます深まっていくことになりました。

前置きが長くなりましたが、以下、そんなハワイ生活で学んだ貝殻を探す方法を、ここでこっそり皆さんにシェアしましょう。

最も大事なのはビーチ選び。ハワイといえど、どこのビーチにも貝殻が落ちているわけではありません。貝殻の拾えるビーチ、俗にいうシェルビーチは、オアフ島ならノースショアや東&西海岸の、静かな海岸線に点在しています。どこのビーチに貝がある、と限定しては言えないので、ここではまず、シェルビーチの見分け方をご紹介しましょう。キーワードは、「海のゴミがたまった吹きだまり」。

実は貝殻というのは波打ち際ではなく、海藻や珊瑚のかけら、エビやカニの殻がたまっている、一見汚げな場所に隠れています。考えてみれば当然ですよね！　波や風の加減で海のゴミが打ち上げられた場所には、美しい貝殻もまた吹きだまっています。掃きだめに鶴、とでも言いましょうか。

しかもこういう海の吹きだまりは、波打ち際ではなく、ちょっと後方にあるのが普通。潮の干潮の関係で、満潮時には、海を訪れたその時に目の前で波が押し寄せているラインよりも遥か後方まで、波が届いていたかもしれないわけです。

ですからビーチを訪れたら、「波打ち際で波と戯れながら貝を拾う」という幻想は打ち捨て、少し上にあがった、海のゴミの集まったようなスポットをまず確認。形が完璧でなくとも、そこに貝のかけらが落ちているようなら、シェルビーチの可能性が大！　腰をすえ、辛抱強く同様のスポットを探してみましょう。慣れてくると、ひと目見るなり「ここはシェルビーチだ」とわかるようになります。

この時、ブラブラ歩きながら貝を探していてはダメなのです。砂とほぼ同色の貝を見つけるためには、「鳥の目」ではなく、「犬の目」作戦が大切。膝と肘をつきビーチに這いつくばって、顔を砂にくっつけるようにして、貝を探します。そう、「床に落としたコンタクトレンズを探す」の図ですね。

その時、手でゴソゴソ、ゴミの下も探してください。フワフワしたエビの殻や海藻の下に、貝殻が隠れていることがよくあります。私はついでに、ビーチで小さな鮫の歯を見つけたこともあります。

「犬の目作戦」の大切さは、何も貝殻が砂に半分埋まっているような場合だけでなく、１００％露出している時も同様です。3センチ以上ある大きめの貝でも、「人の目」では見過ごすことが多いのに反し、「犬の目」ではしっかり見つけられるんですね。不思議なことに…。

ほかには磯というか、岩ゴロゴロのビーチも要チェック。大きな岩と砂の間、ときおり波が洗うような場所や、潮たまりに、可愛い貝殻が潜んでいることがあります。ただし生きた貝殻を取ってダメ。違法行為ですからね！

最後に注意事項についても触れておきましょう。第1に、日焼け対策を忘れずに。貝を探しているとアッという間に時間がたち、ビーチに這いつくばっている間に、ひどく日焼けすることもしばしばです。日焼け止めクリームや帽子はもちろん、できたら長袖着用の方がいいかもしれません。

そして海には決して背を向けないこと。私も1度義母に注意されましたが、ハワイアンは絶対に海に背を向けないのだそうです。それは大波にさらわれたりする危険から、身を守るため。実際、海藻集めや釣りをしていた人が波にさらわれる事故が、ハワイでも時おりあります。何かに夢中になっていると我を忘れ、危険を察知できないのでしょう。

…正直いうと、具体的なシェルビーチの名を皆さんにシェアしたかったのですが、私達が行くのは辺鄙なビーチが多いのです。人気（ひとけ）のないビーチはやはり危険ですから、ビーチパークのような、ある程度人出のあるビーチで貝を探してほしいな、と思います。夫は私にも、「1人で貝を拾いに行ってはいけない」といつも言っています。

ちなみに、観光客の皆さんの行きやすいビーチの中では、タートルベイ・リゾート前のビーチや、カハラあたりのビーチ、マウイ島ではハプナ・ビーチ・プリンスホテル前のビーチでも、私は美しい貝を見つけたことがあります。

埋め立てビーチであるワイキキやアラモアナでは、あまり貝殻拾いは期待できませんが、1度だけ例外的に、娘が大きな貝を見つけたことが。探せばあるのかもしれません。どうぞ根気よく探してみてくださいね。

第4章

52. ハワイで造花だなんて

楽園ハワイに来たら造花はタブー！ 生花を一輪、髪に飾ってほしい

ハワイの1番の魅力は豊かな自然。雄大な山々や珊瑚礁の海に加え、色鮮やかな南国の花々もまた、ハワイの象徴だと思います。それも公園や植物園などではなく、道端に咲く花々の美しいこと！ ハイビスカスやブーゲンビリア、プルメリアが咲き乱れるさまは、まさにこの世の楽園ではないでしょうか。

だからこそ、常々不思議に思ってしまうのですが…。花々の美しいハワイにいながら、「造花」で髪を飾る観光客の方々が多いのはなぜなのでしょう？

街を歩いていても。そしてショッピングセンターのフラ・レッスンなどを覗いても、造花をつけている観光客の女性をよく見かけます。それもグループ全員で似たような造花を、髪に一緒につけていらっしゃることもたびたび。

…シルクフラワーやポリエステルのハイビスカスもきれいはきれい。でも、香りのよい生花が街中に咲き乱れるハワイにいるのですもの。ぜひみずみずしい生花で、自分を飾ってほしいのです。ハワイの青空の下での造花って、どうもミスマッチに感じてしまうのは、私だけでしょうか？

日本では確かに、桜の花などを髪に飾っていたら、危ない人に見えてしまうのかもしれませんね。「花を手折った」なんて責められたりもするかも？　でも花に埋もれたハワイでは、老若男女、生花を身につけるのがごく普通です。夫も、よく美しいプルメリアやタヒチアンローズを一輪とっては、自分で耳の上に刺したり私や娘にくれたり。そう、男性だってハワイでは花をつけるんですよね。だからこそいっそう、造花をつけている方を見ると、つい違和感を感じてしまうのです。

もちろん、ホテルの庭にゴージャスに咲く大きな蘭やバード・オブ・パラダイスの花をボキッと折れば、問題かもしれません。また人が丹精込めて作った植木から花をとるのは、やはりハワイでもだめ。でも。木に咲くプルメリアをちょっと摘んだりするのを、責める人はいません。日本でも言いますよね？「花泥棒は罪にならない」って。

そんなわけで、ハワイに来たなら造花なんて忘れて（というより、造花なんて最初から日本に置いてきて）。本物の、楽園の花々を身につけてはいかがでしょうか？

フラ・レッスンはもちろん買物や食事の際にも、花を髪に飾れば、気分もルックスもすっかりアイランドガールに変身できることうけあいですよ。

第4章
53.「釣りですか？」はハワイで禁句

ハワイには釣りに関する迷信もいっぱい。写真はカカアコの臨海公園

ダウンタウンとアラモアナの間にある臨海公園、カカアコ・ウォーター・フロントパークは、私のお気に入りの公園の1つ。穏やかな夏の朝、この公園でボーっと海を眺めるのが、私は大好きです。

公園の前の海は岩場ですが、数か所、海に下りる階段が設けられているのも嬉しいところ。ある場所はちょうど岩で囲まれた天然のプールのようになっていて、子ども連れの家族で賑わっています。以前はそこで犬が泳いでいるのも見かけました。散歩中の犬が飼い主に首輪をはずしてもらい、ここから海にドボン。せっせと犬かきをして、嬉しそうに泳いでいました。

先日、その岩場を通りかかると、銛らしきものを持った男性2人がちょうど海に下りていくところでした。バケツを階段にくくりつけて行ったので、恐らく魚を獲りに行くのでしょう。「ここで何が獲れるんですか？」と聞きたかったのは山々でしたが、やめておきました。

というのもハワイでは、釣り人に「釣れますか？」とか「釣りに行くんですか？」と聞くのはタブーなのです。それを海の魚が聞きつけ、逃げてしまうと信じられているからです。だから「釣りに行くの？」と聞かれて、嫌な顔をする人が実際いるのは事実。ハワイの魚って、耳がいいんですね！

確かに海の民ハワイアンにとって、魚釣りは生活の糧を得る大切な術だったわけで。古来、漁に関わる様々なタブーが存在したようです。また魚の神様のための祭壇やヘイアウ（神殿）も昔はたくさんあり、漁師それぞれに、崇拝する魚の神がいたとか。魚の神のためのヘイアウは、一般にクウラ・ヘイアウと呼ばれました。

釣りに関するタブーも神ごとに存在して、たとえばある神にとって「黒」がタブーなら、その神を崇拝する漁師や家族は絶対に黒を身につけず、家に黒いものも置きませんでした。また家の前にテープを張り、黒を着た人が家に入るのを禁じたりもしたそうです。

漁師は漁の前、必ず魚の神の祭壇やヘイアウにお参りし、中でもオペルと呼ばれる魚や、カツオの漁が解禁になる際には、特別な儀式が行われたとか。たとえばオペル漁なら、解禁前日に人々がヘイアウに魚網を持って集まり、豚やバナナ、椰子の実、ポイなど、たくさんお供えをしたそう。

その後皆でカフナ（祈祷師）を中心に祈りをあげ、夜は1カ所に集まって眠り、翌朝いよいよ漁がスタート。漁の後また儀式があり、それを境に漁が正式に解禁となったのでした。

ハワイアンにとり、このオペルやカツオがどのように特別な魚だったのかは、よくわかりません。ですが禁漁シーズンを設けていたぐらいですから、きっと貴重で大切な魚だったのでしょうね。
そんなわけで、もしもハワイで釣り具を抱えた人を見かけたとしても。決して「釣りですか？」なんて聞いてはイケマセン。下手をするとその人は釣りを中止し、怒って家に帰ってしまうかもしれませんからね。

豆知識
ヘイアウ…P217
カフナ…P217

第4章

54.

首都ワシントンDCのカメハメハ像

ワシントンDCでもカメハメハ大王像は注目の的

前著「ミステリアスハワイ」のダミアン神父の項で、首都ワシントンDCにあるスタチュアリーホールについて触れました。スタチュアリーホールというのは、アメリカ50州から贈られた約100体の銅像が飾られているホールのことです。日本での国会議事堂に当たる、アメリカ政治の舞台、キャピタルビルの中にあります。

各州が2人ずつ州を代表する偉人を選び、その銅像、もしくは大理石像がスタチュアリーホールに置かれているのですが、ハワイからはモロカイ島でハンセン氏病患者のために尽くしたダミアン神父、そしてハワイ諸島を統一したカメハメハ大王像が飾られています。その、ハワイが誇る2人の偉人の銅像を、2011年にワシントンDCを訪れた際、この目でしっかり見てきました。

ダミアン神父の銅像を巡る大論争については前著に記した通りなのですが、実はカメハメハ大王像の方にもちょっとした悶着が持ち上がっていました。2008年、ようやくその問題が解決したと聞いていたので、今回はぜひそれをこの目で確かめたかったのです。まずはカメハメハ大王像にまつわる悶着のあらましを、簡単に説明しましょう。

スタチュアリーホールにあるカメハメハ大王像は、皆さんにもお馴染みのホノルル・ダウンタウンにある大王像の複製です。そう、素肌に黄金色の羽毛のケープとヘルメット、マロ（ふんどし）をつけた、威風堂々としたあの像ですね。

ところが、なぜかこの立派な大王像が、1969年以来ずっと、スタチュアリーホールのごく人目につかないコーナーに置かれていました。ほとんど誰にも気づかれないような、隅に…。そこで2003年、ハワイ州選出の2人の連邦下院議員によって、キャピタルビルの担当者に公式な手紙が出されたのです。長く、力強い抗議の手紙なのですが、要約すると次のような内容になります。

「カメハメハ大王像は1969年以来、スタチュアリーホールのひっそりとした、奥のコーナーにポツンと置かれている。ハワイからの訪問客は、カメハメハ大王像はどこにあるのかを探しまわるのが常だ。そこで大王像を、もっとよい場所に移してもらいたい」

「先日ハワイのリポーターが報じたことによると、あるツアーガイドが大王像についてこんな説明をしていた。カメハメハ大王の像はきちっと服を着ていないので、議会としては困惑している。そのため、こんな端っこの誰も気づかないような場所に設置されたのですよ…」

ツアーグループの人々が、それを聞いてどっと笑った様子が目に浮かぶようです。我らがカメハメハ大王に、何という侮辱でしょう。しかも議員のスタッフらも、違った日に2度、ほかのガイドが同じような侮蔑的な説明を大王像についてしていているのを聞いたことがあるそうです。議員からの抗議文にも、これは大変な侮辱である、と書かれていました。

そもそもカメハメハ大王像がそんな場所に置かれている理由について、ホール側はかねてから、大王像は6トンもあり、その場所でなければ銅像を支えることができず…のようなことを言っていたそうです。さらにはハワイが50番目、つまり最後にアメリカの州となったため、よい場所がもうなかった、とも考えられるのですが…。でも、ですよね。

そんな、きわめて強い口調の抗議文が出されてから5年後のこと。キャピタルビルに隣接して、新たにビジターセンターが完成しました。そしてカメハメハ大王像も、スタチュアリーホールから移された多くの銅像に交じって、真新しいビジターセンターに引っ越し。しかも天窓の下、陽光あふれる一等地に納まったのでした。やはりこれは、ハワイ州選出の議員達の抗議の賜物だと思います。

そこで我が家は昨夏、新たな場所に設置された大王像を訪れたわけですが…。大王像はとても目立っており、しかも大変立派に見えました。ちょうどその数日前がハワイの祝日カメハメハデーだったため、はるか遠いワシントンDCでも、レイを捧げるセレモニーが行われたとのこと。

私は知らなかったのですが、この日は毎年ハワイからもフラのグループや、ネイティブ・ハワイアン関連の組織がレイとともに大王像を訪れるのだそうです。なので大王像にはマイレレイやオーキッドのレイなどがたくさんかけられていました(ワシントンＤＣの木の葉で急いで作られたらしきレイもありましたが)。

私達が大王像の前で記念撮影したのは当然ですが、誇らしかったのは、ほかの州からの多くの観光客が、やはり大王像の写真を撮っていたことです。カメハメハ大王を知らない人は、恐らくアメリカにはいないでしょうからね。

ちなみに、以前カメハメハ大王像が置かれていたスタチュアリーホールの場所も見たのですが…。本当に淋しい場所でした。ほかの銅像の列の後ろの死角で、なぜこんな場所に偉人の銅像を置くの？　と誰もが訝しく思うような。ひっそりとして、ごみ箱が置かれていてもいいような場所です。

そんなことから、前述のような無礼なジョークが生まれ、広まってしまったのかもしれませんね。そんな状況に「待った！」をかけてくれた当時の議員、ニール・アーバークロンビー氏（現ハワイ州知事）と、エド・ケース氏に、心から感謝します。

最後に余談を。前著で長々と書いたダミアン神父の銅像も、今回もちろん見てきました。カメハメハデーにはハワイの人々からダミアン神父にもレイが捧げられたようで、こちらにもマイレのレイがたくさんかかっていました。そのため、周囲の人々が「なぜこの銅像はレイをかけているのですか」と尋ねてきたので、それがハワイを代表する銅像であること、カメハメハデーのセレモニーのことなどを、説明して差し上げました。

その、一種異様な銅像のルックスから賛否両論を巻き起こしていたダミアン神父像ですが、そのほかの州の(悪いですが)どれもこれも同じような銅像とは違って存在感があり、私の目には立派に映りました。私にもやっと、銅像の製作者の真の意図が見えてきたのかもしれません。

豆知識
カメハメハ大王…P216

第4章

55. お墓で結婚写真ですか？

教会は聖地。美しくとも撮影に適さないエリアがある

ダウンタウンにあるハワイ王朝ゆかりの教会、カワイアハオ教会については、第3章「タブーを改めた王様」に詳しく書きました。

このカワイアハオ教会の壮麗な大聖堂の手前、教会の門を入ってすぐの右手には、小さな霊廟もあります。そこにはハワイ王朝6代目の王、ルナリロが静かに眠っています。

霊廟は緑の樹木に覆われ、噴水もあったりして、確かに美しい場所ではあるのですが…。最近、この霊廟で日本のカップルが結婚写真を撮っているという話を聞いて、ちょっと困惑を感じています。

話を進める前に、少しルナリロ王の霊廟について説明しましょうね。

ルナリロが王座に就いたのは、1873年のことでした。先代のカメハメハ5世は独身で子供がなく、後継者を名指しせずに死去したので、ハワイ王国始まって以来初めて、選挙によってルナリロ王が選ばれたのです。ルナリロは血筋からも当時最も王位に近い王族でしたが、自ら公平な選挙を提案。後に7代目の君主となるカラカウア王を破って、6代目君主に就任しました。

ところが王座に就いてからわずか1年後。永年の不摂生がたたって、ルナリロは病死してしまいます。享年、わずか39歳でした。そして死の直前、ルナリロが墓地として選んだのが、カワイアハオ教会だったのです。

ルナリロが王に就任した時に戴冠式をしたのもこの教会であり、ルナリロにも何かと縁のある教会ではあるのですが、「カワイアハオ教会に墓を作ってほしい」というその遺言は、当時からとても奇異なものと受け取られたようです。

というのも、それに先立つ１８６５年のこと。ハワイ王朝の霊廟として、ダウンタウンから車で10分ほどのヌウアヌの丘に、「ロイヤル・モザリアム」が完成していました。今だ遺体の行方が知れないカメハメハ大王を除き、全ての王族がロイヤル・モザリアムには眠っているわけです。それなのに王家の霊廟を拒否して、カワイアハオ教会を選んだルナリロ。いったいどうしてなのでしょうか？

一説によると、ルナリロはカメハメハ2世～5世というカメハメハ直系の王族とはソリが合わず、一緒に安置されたくなかったとか。実際、カメハメハ5世が後継者を指名しなかったのは、周囲から「当然、次の王になるだろう」とみなされていたルナリロを、無視した結果だという説があります。

もう1つ、こんな説も。実はルナリロの霊廟には、父親の遺体も一緒に安置されているのですが…。１８６５年、以前からあった古くて簡素な霊廟（今のイオラニ宮殿の庭にありました）から、全ての遺体が新たに完成したロイヤル・モザリアムに移された時。なぜかルナリロの父の遺体は、ロイヤル・モザリアム入りを拒否されたんですね。ちなみに、ロイヤル・モザリアム完成時の君主は、例のカメハメハ5世なのでした。

…父は古来の王族とともに、王家の霊廟に埋葬されていたのに、完成したばかりの新霊廟の方には入れないという。なんという屈辱だったでしょう！　そのためルナリロは、王となった後も断固としてロイヤル・モザリアム入りを拒否し、父と2人、ひっそりとカワイアハオ教会に埋葬されることを選んだのではないでしょうか。そんな経緯から、カワイアハオ教会にルナリロの霊廟が建てられたようです。

霊廟の門は現在、いつも開かれていますが、実はほんの数年前まで、固く閉ざされていました。しっかり鍵がかかっていたので、私などもいつも柵越しに霊廟を眺めていただけ。門は年に1度、ルナリロ王の誕生日に、式典のため開かれるだけだったのです。

ところが数年前から門は開放され、霊廟は一般公開されるようになりました。もちろん遺体の安置されている建物内部は非公開なのですが、その美しく小さな庭には、人が入れるようになったわけです。なぜ門が開かれることになったのか。それについては不明ですが、教会としても、人民の王と呼ばれたルナリロ王の霊廟を、一般の人にお参りしてもらいたかったのかもしれません。

と、ここまではよかったのですが…。

カワイアハオ教会というのは、ロコはもとより、日本人カップルの挙式が大変多いことで知られます。週末には、1日何組もの日本人カップルがここで式を挙げたりすることもあるよう。そして先日あるウエディング関係者から、こんなことを聞いたのです。この霊廟の中で記念撮影する日本人カップルがたくさんいると…。先にお話した通り、ここはルナリロ王と父親が永眠するお墓なんですよね。ハワイアンにとっては、いわば聖地なのです。

霊廟の建物には「Lunalilo Ka Moi ルナリロ王」との文字が刻まれているだけなので、外国人にはわかりずらい可能性もあります。ですが門を入ったところにはちゃんと記念碑が設置されていて、ルナリロ王の生涯や、霊廟が教会に設置された経緯などが、全て記されているんですよ。ルナリロ王の写真とともに。

記念碑の説明書きは全て英語ですから、日本人カップルはしっかり確認せず、結婚写真を撮るのでしょう。そんな日本人カップルを責めるのは、酷かもしれません。

ですが。日本人カップルをお世話するウエディング・コーディネーターの方々はどうなのでしょう？　ハワイ在住のコーディネーターは、「英語の説明書きが読めなかった」わけはないですよね。何もご存知なかっただろう日本人カップルに代わって、そのあたり気を付けてあげるのがコーディネーターの役割なのでは。もちろん教会の人は、記念撮影の場まで見張ったりはしませんから…。

当のカップルだって、もしそこがお墓だと知っていたら、絶対結婚写真など撮りたくないだろうと思うのですが、いかがでしょうか？　ハワイアンがそんな光景を見たら、いったいどう思うのか。そう考えるとすごく心配になります。

今も相変わらず人気のハワイ・ウエディングですが、後々こんなことで不快な思いをするのもイヤなもの。もしも皆さんが今後、カワイアハオ教会で式を挙げることになったら。ルナリロ王の霊廟は、そっと静かにお参りするぐらいにしておいてほしいな、と願う私です。

豆知識
カメハメハ大王⇣P216

ワイキキから2番&13番バスで約30分。パンチボール・ストリートとS.ベレタニア・ストリートの角近くで下車し、海側に歩く。パンチボール・ストリートとS.キング・ストリートの角にカワイアハオ教会がある。

第4章
56. ブッタの菩提樹

インド・ブッダガヤゆかりの菩提樹がホノルルに

ホノルルのダウンタウンは高層ビルの立ち並ぶ都会的な様相の地域ですが、その中心地からほんの徒歩10分ほどの場所に、広さ13エーカーもの緑溢れる植物園があります。フォスター植物園と呼ばれ、ホノルル市が管轄する5つの植物園の1つです。

その敷地はそもそも王族の土地でしたが、ドイツ人植物学者で医師だった人物に貸し出され、後にその地を買い取ったのが、トーマス&メリー・フォスター夫妻。トーマスは裕福な実業家、メリーは王族女性の血も引く女性でした。そしてメリー・フォスターは1930年、86歳の時にその土地をホノルル市に寄贈し、それが後にフォスター植物園に発展したという次第です。

フォスター植物園は花が咲き乱れる庭…というより、世界中の珍しい熱帯植物が1万種も集まった、ジャングル然とした庭園。南国の植物に興味のある人には、きっと楽しい場所でしょう。うちの娘などは幼い頃、植物園に生い茂る巨木や巨大な葉、実を見て、少し怖がっていましたが…。私も自宅からごく近いフォスター植物園が大好き。すぐ横を高速道路が走っているとは思えない静けさに包まれ、平和な気分に浸ることができるからです。

平和な気分と言えば…。もしも皆さんがフォスター植物園を訪れたら。数ある木々の中でもぜひ見てほしいのが、ある菩提樹なんです。これはただの菩提樹ではありません。なんと紀元前5世紀に、お釈迦様がその下で悟りを開いたというあのインド・ブッダガヤの菩提樹の子孫が、ここで天にそびえているのです。

なぜそんな聖なる菩提樹が、はるばるホノルルにやってきたのでしょうか？　…それにはメリー・フォスターに関連する、有難い話が絡んでいます。

そもそもメリー・フォスターは１８４４年、イギリス人実業家ジョン・ロビンソンと、マウイの王族の一員だったレベッカの娘として生まれました。そして晩年、精神主義者となり、仏教にも深い関心を示すようになります。

１８９３年、ホノルルで開かれた世界宗教会議で、メリーはアナガリタ・ダーマパラという、スリランカ（当時はセイロン）の僧侶に出会いました。アナガリタは宗教会議にスピーカーとして招聘されていたのですが、もう1つ。インドの仏教寺院、マハボディ寺院を修復するための資金集めという、大切な使命も持っていました。このマハボディ寺院はブッダガヤの地にあり、紀元前3世紀にアショカ王が建立したという由緒あるお寺です。

そこに大口の寄付をしたのが、そう、メリーだったんですね。メリーは僧侶アナガリタの人となりに、ずいぶん感銘を受けたということです。

思うに、その4年前の1889年に夫を亡くしていたメリー。アナガリタによってもたらされた仏教の教えに、何か感じるものがあったのではないでしょうか。メリーは寺院修復のために資金を提供しただけでなく、コロンボに貧困層のための医療施設、フォスター・ロビンソン病院も設立（ロビンソンはメリーの旧姓）。そのためブッダガヤの街では今も毎年、メリーのための記念式典を行っているということです。

そんなメリーへの贈り物として、ホノルル再訪時にアナガリタが運んできたのが、先に述べた菩提樹の枝。紀元前3世紀、アショカ王は仏教を広めるため、息子をスリランカに送りましたが、その際、息子に釈迦ゆかりのブッダガヤの菩提樹の枝を持たせました。ブッダガヤの菩提樹はすでにありませんが、その時に枝分かれした菩提樹が今もスリランカにあり、フォスター植物園の菩提樹はそこからさらに枝分かれしたものなのだそうです。

ちなみにメリーはスリランカに限らず、ハワイでも数々の慈善活動を行っています。ハワイ初の仏教寺院、ホノルルのヌウアヌにある本派本願寺の建立もその1つ。フォスター植物園の礎を作ったことはすでに書きました。またオアフ島ノースショアのカハナには2つの州立公園がありますが、その公園も、メリーがハワイ州に寄贈した土地に造られたのだそうです。

こうして考えてみるとメリーって…。本当に仏のような心を持った慈悲深い女性だったんですね。いくらお金持ちでも。いくら有り余る財産を持っていても、決して人に分け与えず、ガッチリ握ったままであの世に旅立つ人は多いものです。

　そんな慈愛に満ちたメリーを歌ったハワイアンソングが、「ビューティフル・カハナ」。メリーの友人だった作曲家メリー・ジェーン・モンタナが、メリーと、カハナにあった美しいメリーの屋敷を歌ったものです。ビューティフル・カハナは人気のハワイアンバンド、ホオケナのCDにも入っていますから、フラ・ダンサーの皆さんはご存知かもしれません。

　そんなわけで皆さんがダウンタウンを訪れたら、メリーを偲んで、ぜひフォスター植物園にも足を延ばしていただきたいと思います。カメハメハ大王像からも歩いて15分ほど。有難いメリーの菩提樹を拝んでみてくださいね。

豆知識
カメハメハ大王…P216

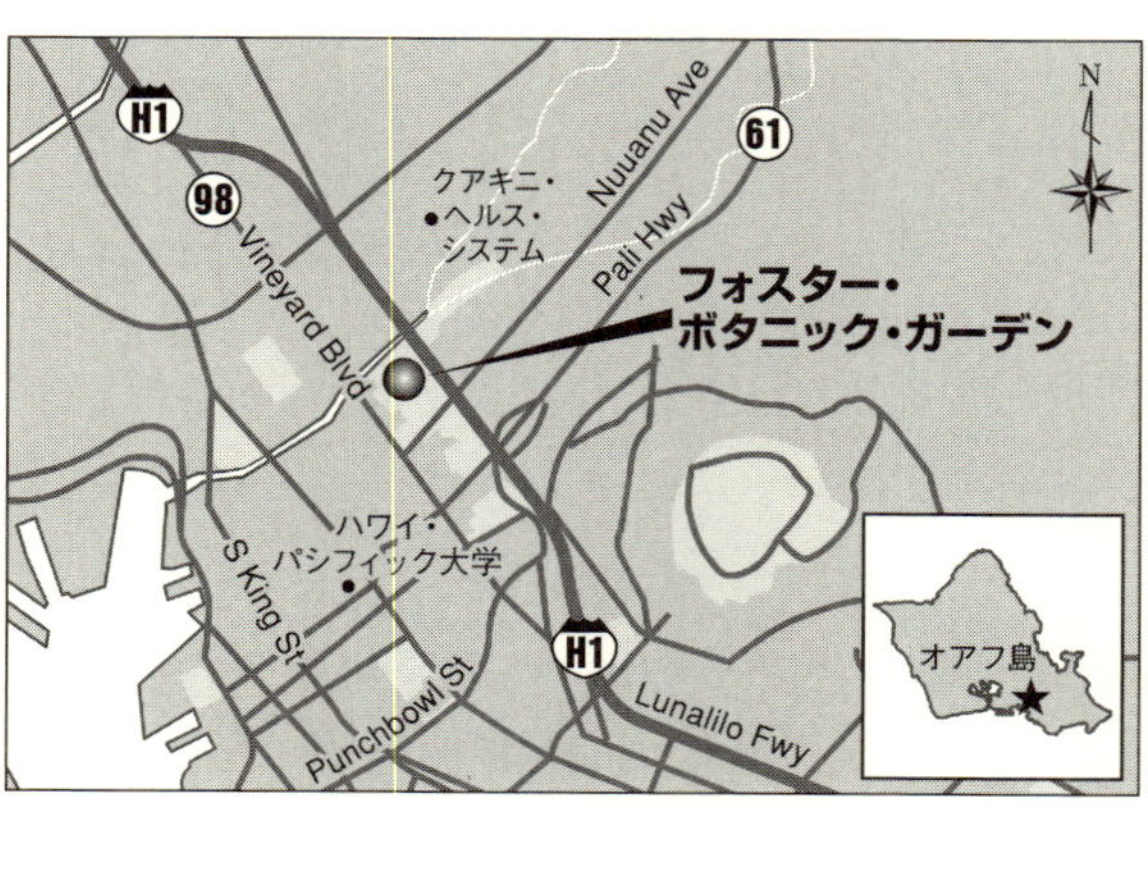

ホノルル・ダウンタウンを貫くH-1フリーウェイの手前。N. ビンヤード・ブルバードとヌウアヌ・アベニューの山側、西側の角。入口はN. ビンヤード・アベニュー沿いを西に歩いたところにある。

豆知識

カメハメハ大王

ハワイ島コハラ出身の王族（1758？～1819）。1795年にハワイ諸島を統一しハワイ王国を築いた。勇猛な戦士だっただけでなく、知力・政治力にも優れた強力なリーダーであり、今もハワイの人々が誇る英雄。「太平洋のナポレオン」とのニックネームでも知られる。

女神ペレ

ハワイ神話上の火山の女神。ハワイ島キラウエア火山のハレマウマウ・クレーターに住むとされ、ペレが怒ると火山が爆発すると信じられている。キラウエアの麓ヒロで行われるメリー・モナーク・フェスティバルの出場ハーラウは、ペレへの挨拶のためキラウエアを詣でるのが通例。

ハワイの4大神

大神「カネ」、平和と豊穣の神「ロノ」、戦いの神「クー」、海の神「カナロア」の4人の神を、ハワイ神話上の4大神と呼ぶ。4大神がこの世を創造し、最初のハワイアンを誕生させた。これらの神はポリネシア全体でも若干名前を変えて崇拝されており、ポリネシア共通の神といえる。

ヘイアウ

古代ハワイの神殿。様々な神を祀った石造りのヘイアウがハワイ各地にあった。ただしカメハメハ2世の命令によって1819年にハワイの原始宗教が禁止され、ヘイアウやティキ像は破壊された。今ではその跡地に崩れ落ちた石垣が残る程度。しかしハワイアンにとっては今だ大切な聖地なのは変わりない。

カフナ

一般に祈祷師、神官のこと。古代ハワイにはヘイアウで神事を司るカフナのほか、空から吉兆の印を読みとるカフナ・キラキラ、ティキなど神像を預かるカフナ・キイなど様々なカフナがいた。広義ではいわゆる専門職。医術や天文学、農業など、各分野に長けたカフナが存在した。

チャント

チャント自体は詠唱を意味する英語だが、ハワイでは一般に、ハワイ語による詠唱がチャントと呼ばれる。オリと混同されやすいが、チャント＝オリではない。オリはフラ（踊り）を伴わないチャントだけを指すハワイ語。

マナ

ハワイ特有の概念で、「霊力」「気」「霊魂」「聖なるパワー」などを意味する。古代ハワイアンは人や石、植物、特定の場所や骨などにもマナがこもると信じ、それらを神聖視した。特に王族は強いマナを持ち、位が高いほど強力なマナを保持すると信じられていた。

ポハク

ハワイ語で石、岩。ポハクにはマナがこもるとされ、伝説やいわくあるポハクがハワイには多い。強いマナがこもるがゆえに、その昔は庶民が手を触れただけで罰せられた聖なるポハクなども存在する（イオラニ宮殿の庭にあるリロアの岩など）。

タロイモ

ハワイ語でカロ。古代ハワイの食生活で最も重要視された主食。滋養高く、収穫までの時間もかかるため、サツマイモなどほかのイモ類に比べて格段に重んじられた。日本のサトイモの仲間にあたり、蒸して練りつぶしたポイは今もハワイアンの大好物。

モオ

ハワイ伝説上の大とかげ。滝壺や沼など、水のあるところに棲むとされる。人に危害を加えるモオのほか、滝や村、地域全体の守り神とされた半神のようなモオも（伝説上）存在する。山並を巨大なモオの似姿と捉えたり、小島をモオの尻尾とする伝説など、モオ絡みの物語も多数。

ティーリーフ

ユリ科の植物。ハワイでは聖なる植物であり霊的な清浄パワーがあると信じられ、魔除けや御祓いの儀式に使われることが多い。カフナは時に、ティーリーフの葉で作ったレイをかけたりも。魔除けとして庭に植える家庭も多々。その長く幅広の葉は調理や衣類作りにも使われ、フラ・ダンサーのスカートをティーリーフで作ることもある。

メネフネ

ハワイ神話上の小人族。働き者で、特に石を使って建物を造るのが得意。メネフネが一晩で造り上げたとする石の遺跡が、ハワイ各地に残っている（オアフ島のウルポヘイアウやカウアイ島のキキアオラ水路など）。メネフネの起源はマルケサス島からハワイへの移住者、とする説もある。

クムフラ

ハワイ語でクムは教師を意味し、クムフラはフラの教師。踊りに加えハワイ語、文化、歴史を含む様々な修行を終えて自分のクムフラから認定された人をクムフラと呼ぶことが多く、単なるフラのインストラクターとは異なる。そのためハワイでクムフラは、大学教授なみの尊敬を集めている。

ペトログリフ

ハワイの絵文字。文字を持たなかった古代ハワイアンだが、溶岩など岩の上に様々な絵文字を残した。人や犬、カヌー、魚などがあり、人にしてもカヌーのパドルや槍を持つ人、ヒョウタンのヘルメットをかぶる人、子供と大人など、実にバラエティ豊か。

ビショップ博物館

1889年、銀行家のチャールズ・ビショップが、カメハメハ大王の最後の直系子孫だった妻、バーニス・パウアヒ王女を記念して創設。ハワイ王家の宝物やハワイ古来の工芸品などを集めたハワイアンホール、ポリネシア全域の遺物を集めたポリネシアンホールのほか、プラネタリウムや自然科学センターなどもある。

ハワイの王族

カラカウア王家
Kalākaua

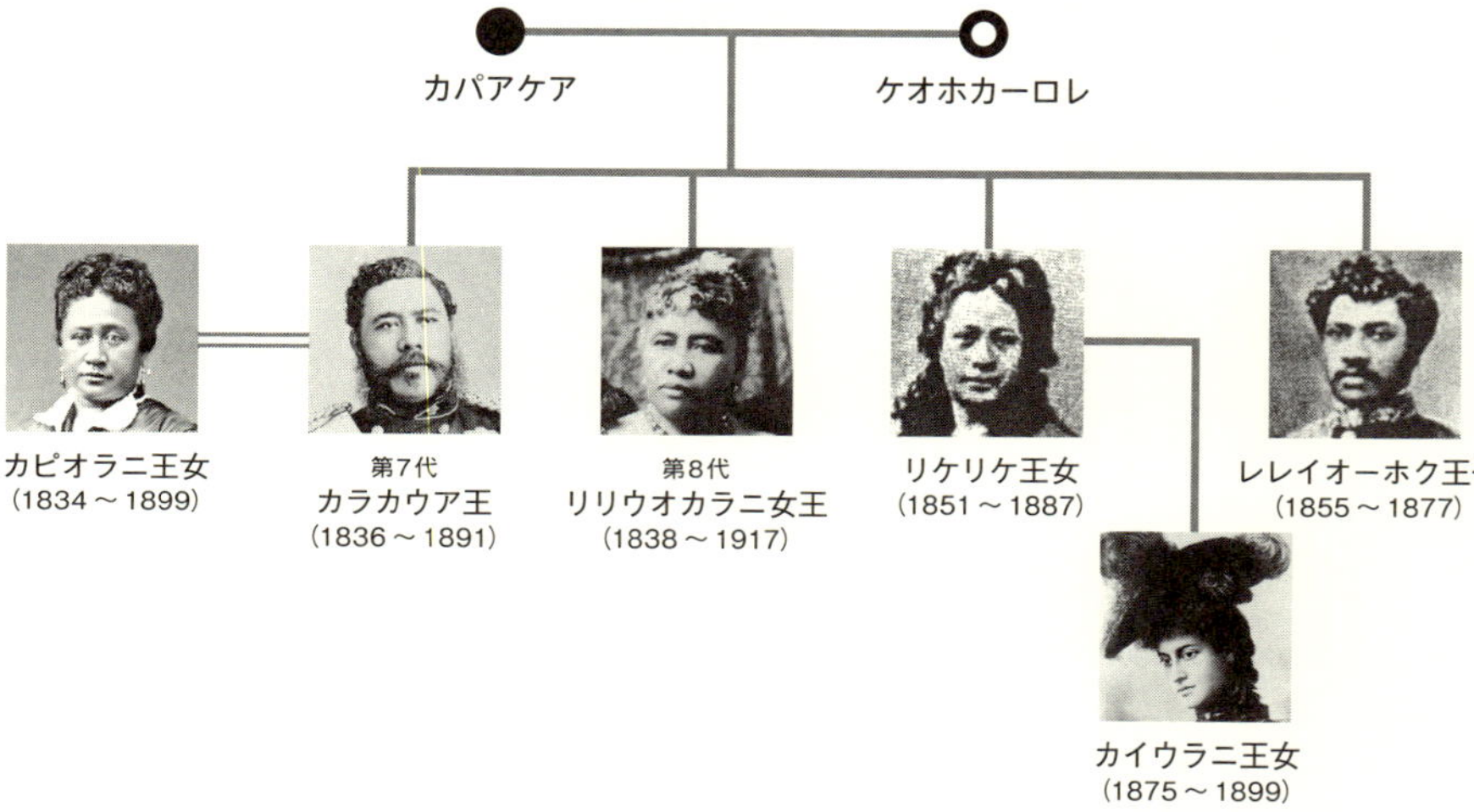

●男性
○女性
══ 婚姻関係
－－－ 養子

ハワイ王朝　早分かり年表

在位期間	王
1795～1819年	カメハメハ大王(1世)
1819～1824年	カメハメハ2世
1825～1854年	カメハメハ3世
1854～1863年	カメハメハ4世
1863～1872年	カメハメハ5世
1873～1874年	第6代ルナリロ王
1874～1891年	第7代カラカウア王
1891～1893年	第8代リリウオカラニ女王

カメハメハ王家
Kamehameha

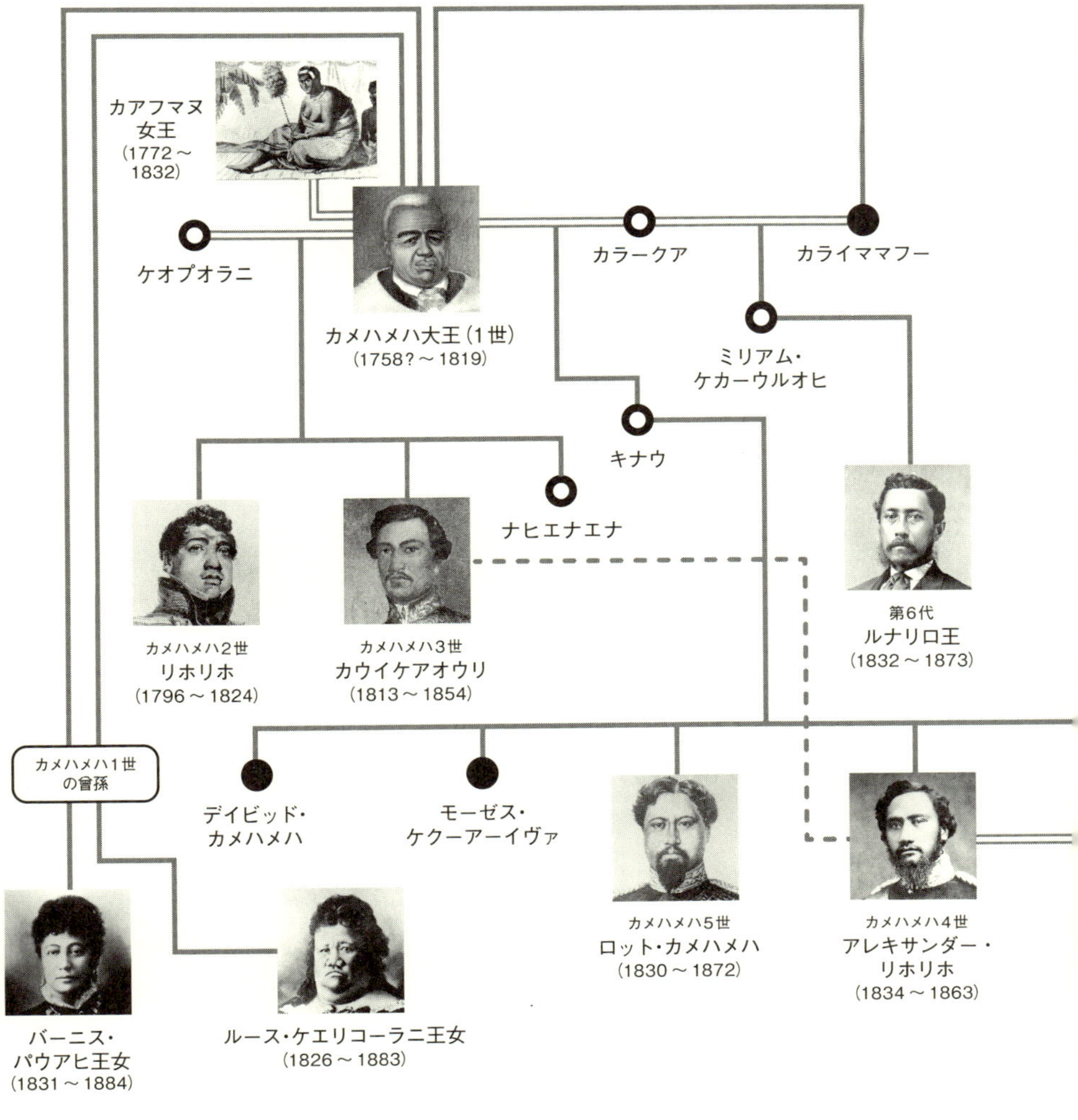
カアフマヌ
女王
(1772～
1832)
ケオプオラニ
カメハメハ大王(1世)
(1758?～1819)
カラークア
カライママフー
ミリアム・
ケカーウルオヒ
キナウ
ナヒエナエナ
カメハメハ2世
リホリホ
(1796～1824)
カメハメハ3世
カウイケアオウリ
(1813～1854)
第6代
ルナリロ王
(1832～1873)
カメハメハ1世
の曾孫
デイビッド・
カメハメハ
モーゼス・
ケクーアーイヴァ
カメハメハ5世
ロット・カメハメハ
(1830～1872)
カメハメハ4世
アレキサンダー・
リホリホ
(1834～1863)
バーニス・
パウアヒ王女
(1831～1884)
ルース・ケエリコーラニ王女
(1826～1883)

本書で紹介しているハワイの島々

OAHU
オアフ島
Waimea
ワイメア
Haleiwa
ハレイワ
Makaha
マカハ
Waianae
ワイアナエ
Maili
マイリ
Nanakuli
ナナクリ
Kapolei
カポレイ
Ewa
エバ
Wahiawa
ワヒアワ
Hauula
ハウウラ
Kaaawa
カアアヴァ
Kaneohe
カネオヘ
Kailua
カイルア
Aiea
アイエア
Waimanalo
ワイマナロ
Makapuu
マカプウ岬
Waikiki
ワイキキ
ホノルル国際空港
83
99
803
93
750
99
H-2
H-1
H-3
836
83
630
99
78
63
61
72
760
92
H-1

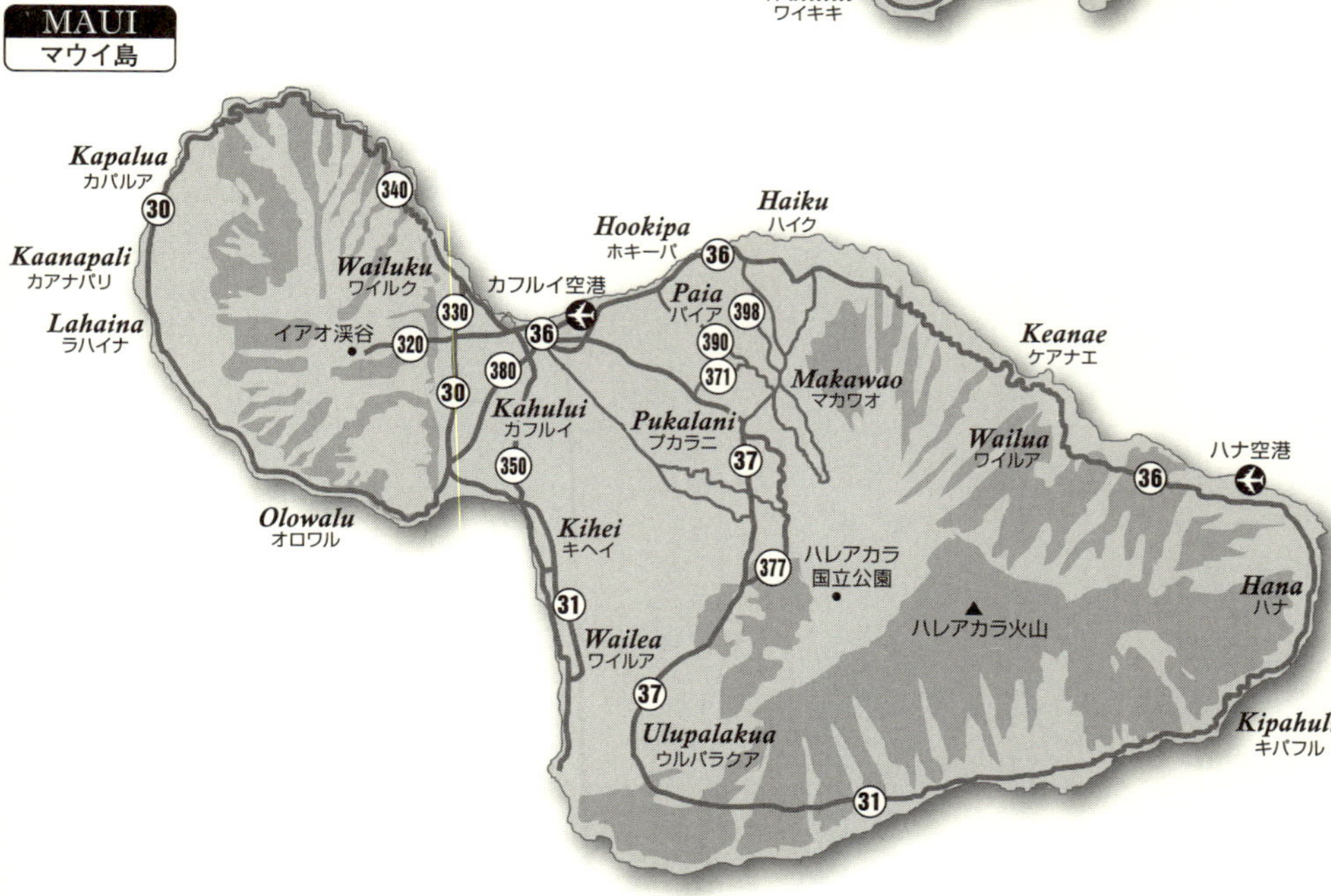
MAUI
マウイ島
Kapalua
カパルア
Kaanapali
カアナパリ
Lahaina
ラハイナ
Wailuku
ワイルク
イアオ渓谷
Olowalu
オロワル
Kahului
カフルイ
カフルイ空港
Hookipa
ホキーパ
Haiku
ハイク
Paia
パイア
Makawao
マカワオ
Pukalani
プカラニ
Keanae
ケアナエ
Wailua
ワイルア
ハナ空港
Kihei
キヘイ
Wailea
ワイレア
Ulupalakua
ウルパラクア
ハレアカラ
国立公園
ハレアカラ火山
Hana
ハナ
Kipahulu
キパフル
30
340
330
320
30
380
36
36
398
390
371
37
350
377
31
37
36
31

ハワイ諸島

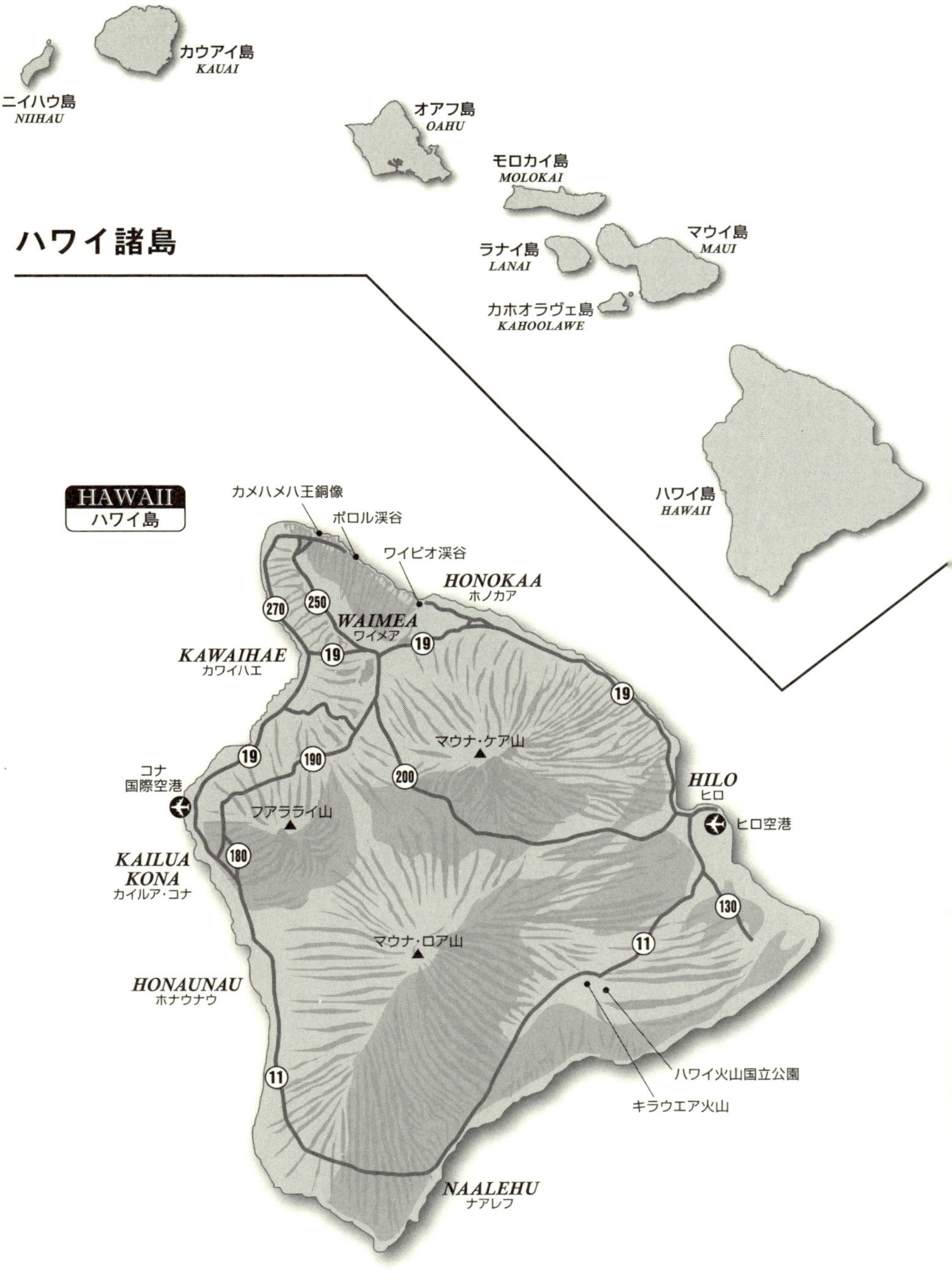

ニイハウ島
NIIHAU
カウアイ島
KAUAI
オアフ島
OAHU
モロカイ島
MOLOKAI
ラナイ島
LANAI
マウイ島
MAUI
カホオラヴェ島
KAHOOLAWE
ハワイ島
HAWAII
HAWAII
ハワイ島
カメハメハ王銅像
ポロル渓谷
ワイピオ渓谷
HONOKAA
ホノカア
WAIMEA
ワイメア
KAWAIHAE
カワイハエ
270
250
19
190
200
180
130
11
マウナ・ケア山
コナ
国際空港
フアラライ山
HILO
ヒロ
ヒロ空港
KAILUA
KONA
カイルア・コナ
マウナ・ロア山
HONAUNAU
ホナウナウ
ハワイ火山国立公園
キラウエア火山
NAALEHU
ナアレフ

参考文献

Samuel Kamakau “The People of Old”, Honolulu,
Bishop Museum Press, 1992

David Malo “Hawaiian Antiquities”, Honolulu, Bishop Museum Press, 1980

Mary Kawena Pukui, E. W. Haertig, M.D., Catherine A. Lee “Nana I Ke Kumu”, Honolulu, Queen Liliuokalani Children Center, 1983

Mary Kawena Pukui, Samuel H. Elbert “ Hawaiian Dictionary”, Honolulu, University of Hawaii Press, 1986

Elspeth P. Sterling & Catherine C. Summere “ Sites of Oahu", Honolulu, Bishop Museum Press, 1978

William Ellis “Journal of William Ellis, A Narrative of an 1823 Tour Through Hawaii”, Honolulu, Mutual Publishing, 2004

Elspeth P. Sterling “Sites of Maui", Honolulu, Bishop Museum Press, 1998

June Gutmanis “Pohaku, Hawaiian Stones”, Laie,
The Institute for Polynesian Studies

David Cheever & Scott Cheever “Pohaku”, Honolulu, Editions Limited, 2005

Caroline Curtis “Builders of Hawaii”, Honolulu,
Kamehameha Schools Press, 1966

Lois Lucas "Plants of Old Hawaii", Honolulu, The Bess Press, 1982

Maxine Mrantz "Woman of Old Hawaii", Honolulu, Aloha Publishing, 1987

William D. Westervelt "Hawaiian Legend of Ghosts and Ghost-Gods", Tokyo, Charles E. Tuttle Company, inc, 1987

John R. K. Clark "Hawaii Place Names", Honolulu, University of Hawaii Press, 2002

Van James "Ancient Sites of Hawaii", Honolulu, Mutual Publishing, 2008

E.S. Craighill Handy & Elizabeth Green Handy, Mary Kawena Pukui "Native Planters in Old Hawaii", Honolulu, Bishop Museum Press, 2010

Allan Seidan "The Hawaiian Monarchy", Honolulu, Mutual Publishing, 2005

Cummins E. Speakman, Jr. "Mowee", Honolulu, Mutual Publishing, 2001

Herb Kawainui Kane "Pele Goddess of Hawaii's Volcanoes", Captain Cook, The Kawainui Press, 1987

Likeke R. McBride "Petroglyphs of Hawaii", Hilo, Petroglyph Press, 2004

John F. G. Stokes "Heiau of the Island of Hawaii", Honolulu, Bishop Museum Press, 1991

あとがき

２０１０年の早春。高校時代の新聞部の集まりに出席し、30年ぶりに昔の仲間と再会しました。30年の空白はあっという間に埋まり、盛りあがった宴の中で、話はいつしか当時の学園祭の話題に。そういえば私が高校2年生だった秋のこと。我が横浜緑ヶ丘高校新聞部は、高校周辺（横浜・山手）の伝説や不思議話を学園祭の発表テーマに選び、神奈川県立図書館通いに始まり、近隣の町を巡って「ネタ」を探したのでした。

そうして図書館では根岸の滝や地蔵の言い伝えや、だいだらぼっちの巨人伝説を見つけたり。山手、根岸、蓑沢などの町で寺院や墓地を訪問し、お寺では親切にお茶など出していただきながら、僧侶や家族の方々から体験談をお聞きしたりも。ある寺では長い黒髪が伸びるお菊人形のような日本人形にも遭遇しましたっけ。

前置きが長くなりましたが、その30年ぶりに集まった席で、後輩のHちゃんが言いました。「あの時の学園祭のテーマ、『ミステリー山手』っていったんですよね」。そんなことはすっかり忘れていた私。驚愕しました！

なぜかというと…。私が２００８年に出版した処女作は、「ミステリアスハワイ」（ソニー・マガジンズ刊）といいます。それは私ではなく編集者のつけてくださった書籍名なのですが。

…思い返せば高校の新聞部時代から、私はスピリチュアルな事柄が大好きだったのですね。ミステリー山手（今思えば英語的に×。ミステリアス山手が○ですね）なる展示のために街を巡ったのは、16歳の夏。あれから30余年。私は異国ハワイに居を移しましたが、今も変わらず、当時と同じことを続けているのでした。

そうして出来上がったのが、本書「ハワイの不思議なお話」です。ハワイ好きの方やスピリチュアル好きな方、歴史好きの方々に気に入っていただけたら光栄です。

本書は以前、旅スタ・サイト（ソニー・マガジンズ運営）のブログ「森出じゅんのハワイ雑学大好き！」に掲載された記事に加筆したものを中心に、書き下ろしを加えてまとめたものです。同ブログからは先に、「ミステリアスハワイ」が出版されています。そちらも合わせて読んでいただけたら、大変嬉しく思います。

最後になりましたが、出版にあたり、二つ返事でGOサインを出してくださった文踊社代表でフラ専門誌フラレア編集長の平井幸二さん、「章分けを最初からやり直したい」等、とんでもない私の我儘も文句一つ言わず聞いてくださった担当編集者の橋田みどりさん、元気な声とメールでメンタルなサポートを与えてくださった編集部の森山裕美子さんに、心から感謝を捧げます。「なんだか表紙負けしそう…」と思わず心配になったほどに素晴らしい表紙を描いてくださったＫｏｕさんにも、厚くお礼を申し上げます。

この本を手に取ってくださった皆さんも有難うございました。マハロ＆アロハ！　また逢う日まで…。

ホノルル港を見おろすテラスにて　２０１２年3月吉日　森出じゅん

文踊社 見聞録シリーズ

www.bunyosha.com

日本のフラのパイオニア17名が語る、
フラと共に歩んだ道のり

「フラ・ダンサー見聞録」

フラをこよなく愛し、今も第一戦で活躍しているフラ界の草分け的存在のフラの師が語る、それぞれのフラとの出会い、そして共に歩んだ軌跡。

定価1,575円（税込）
ISBN978-4-904076-17-0

14人のバード・ウォッチャーが語る

「探鳥見聞録」

本やツアーでしか会うことのできないネイチャーガイドやカメラマンがはじめて語る鳥との出会い、エピソードのシーンを赤裸々に語る。

定価1,470円（税込）
ISBN 978-4-904076-14-9

24人のプロボウラーが語る
知られざるボウリングの世界

「プロボウラー見聞録」

誰も知らなかったプロボウラーの素顔や、定説に語られなかった独自の秘技、至高のテクニックがいま明らかに。

定価 1,500円（税込）
ISBN 978-4-904076-16-3

本書は、旅スタ・サイト（株式会社ソニー・マガジンズ運営）のブログ「森出じゅんのハワイ雑学大好き！」に連載された記事に加筆・訂正したものを中心に、新たに書きおこした原稿を加えてまとめたものです。

ハワイの不思議なお話
〜ミステリアスハワイ

森出 じゅん
Jun Moride

オアフ島ホノルル在住。横浜生まれ。青山学院大学法学部卒業後、業界紙記者を経てフリーライターに。雑誌、広告、ラジオなどで活動する。1990年にハワイ移住。執筆活動のかたわら、ハワイの文化・歴史の研究を続けている。著書に「ミステリアスハワイ」(ソニー・マガジンズ刊)がある。

2012年4月30日　第1刷発行

著　　者　森出 じゅん
写　　真　森出 じゅん、フラレア編集部
装丁デザイン・レイアウト　吉田 篤史
表紙イラスト　Kou
地図製作　東郷 明子
編　　集　橘田 みどり（フラレア編集部）

印刷・製本　凸版印刷株式会社

発行人　平井 幸二
発売元　株式会社 文踊社
〒220-0011　神奈川県横浜市西区高島 2-3-21 ABE ビル 4F
☎ 045-450-6011

ISBN 978-4-904076-18-7

価格はカバーに表示してあります。